AF288682

Mathias Jung

Das kalte Herz

Wie ein Mann die Liebe findet

Eine tiefenpsychologische
Interpretation nach dem
Märchen von Wilhelm Hauff

die
gelbe
reihe

„GIB MIR DAS DUNKLE, POCHENDE DING,
UND DU WIRST SEHEN,
WIE GUT ES DIR DANN GEHT."

ISBN 3-89189-131-8
1. Auflage 2006
Zeichnungen: Reiner Taudien
Umschlagfoto: Martin Gutjahr-Jung
Umschlaggestaltung: Martin Gutjahr-Jung
Gesamtherstellung: Kösel, Krugzell
© 2006 by emu Verlags- und Vertriebs-GmbH, Lahnstein

Himmelhochjauchzend,
zu Tode betrübt,
glücklich allein
ist die Seele,
die liebt.

Goethe
Egmont

Mathias Jung
Das kalte Herz
Wie ein Mann die Liebe findet

Eine tiefenpsychologische
Interpretation nach dem Märchen
von Wilhelm Hauff

die
gelbe
reihe

Ich widme dieses Buch meinem langjährigen Freund, dem journalistischen Weggefährten in der Friedensbewegung, dem kämpferischen Demokraten und engagierten Gewerkschaftler, Autor und Maler Reiner Taudien.

„Das kalte Herz" war seine letzte zeichnerische Arbeit. Reiner besaß ein kluges, fürsorgliches und warmes Herz. Er lehrte mich, die Welt „von unten" zu sehen und Solidarität mit den Schwachen zu üben. Ich bin Reiner Taudien für immer dankbar verbunden.

Reiner Taudien (1936–2006)

Inhalt

Hauff und sein Märchen

Hauff scheint mir ein wahres Genie, ein Dichter zu sein. Er hat jenen einfachen, naiven und doch so tiefen und bezaubernden Stil, der an Goethe so hinreißt, wenigstens mich. Da ist nichts Gesuchtes, nichts Geschrobenes, die Ausdrücke und Bilder sind einem aus der Seele gegriffen, man weiß keine anderen passenden zu finden. Und dann die liebliche, immer mit neuen Farben blühende Fantasie!

Gottfried Keller
Reflexionen, 1848

Wilhelm Hauff (1802–1827) wurde nur knapp fünfundzwanzig Jahre alt. Er galt als *der* begnadete Dichterjüngling seiner Zeit. Doch wer war dieser junge Genius? Warum ist sein Märchen *Das kalte Herz* besonders für Männer lesenswert? Wie lautet seine seelische

Botschaft? Werfen wir zunächst einen Blick auf diese turbulente Epoche deutscher Geschichte...

Als das reaktionäre Preußen 1806 unter dem Ansturm der napoleonischen Armee zusammenbricht, stirbt das Heilige Römische Reich Deutscher Nation, und die französische Fremdherrschaft breitet sich über ganz Deutschland aus. Mit dem *Code Napoleon* bringt sie, vor allem in den Rheinbundstaaten, gewisse Freiheiten, bürgerliche Gesetze und ökonomische Reformen, die die kapitalistische Entwicklung beschleunigen. Napoleons Flurbereinigung im deutschen Südwesten begünstigt Württemberg, das von 1803 bis 1810 sein Staatsgebiet verdoppelt und zum Königreich wird. Der Wiener Kongress von 1814 bis 1816 bestätigt den Landerwerb Neuwürttembergs und stärkt zugleich, im Geiste der Metternichschen Restauration, die reaktionären Kräfte im Lande.

Durch die Karlsbader Beschlüsse werden die freiheitsdurstigen deutschen Burschenschaften als „Demokraten" – damals ein Schimpfwort –

verfolgt. Der deutsche Befreiungskampf gegen die napoleonischen Besatzungstruppen, zu der ein Philosoph wie Fichte und ein Publizist wie Ernst Moritz Arndt das Volk aufrufen, wird von der Obrigkeit verdrängt. Die Fürsten sitzen, bis zur bürgerlichen Revolution von 1848/49, wieder fest im Sattel. Sind die Opfer der Befreiungskriege umsonst gewesen? Hauff gedenkt 1824 in einem Gedicht (*Zur Feier des 18. Junius*) den für die Freiheit Gefallenen mit den traurigen Worten:

Frankreichs Adler saht Ihr fallen,
Hörtet Siegesdonner schallen,
Als der Tod das Auge brach.
Heil Euch Lieben!
Träumet drüben
Von der Freiheit goldnem Tag!

Selig preis' ich Eure Lose
In der Erde kühlem Schoße.
Ach, Ihr saht der Freiheit Licht,
Saht sie steigen
Über Leichen –
Doch sie sinken saht Ihr nicht.

Fern von Eurem Siegesthale
Denken wir beim Todesmahle
Innig Eurer Siegerschar,
Und wir gießen,
Euch zu grüßen
T r ä n e n auf den Festaltar.

Wilhelm Hauff wird am 29. November 1802 in der Regierungshauptstadt Stuttgart geboren. Er hat einen älteren Bruder Herrmann, später folgen die Schwestern Marie und Sophie. Eine spannende Persönlichkeit ist der Vater August Hauff. Er steht im Dienst des württembergischen Königs und ist gleichzeitig den Ideen der Französischen Revolution gegenüber aufgeschlossen. Damit gerät er, wie der Biograf Ottmar Hinz (*Wilhelm Hauff*, Reinbek bei Hamburg, 1989) berichtet, zum Spielball der herzöglichen Schaukelpolitik: „Im Januar 1800 wurde der jung Verheiratete, damals Regierungsregistrator, in einer Nacht- und Nebelaktion verhaftet und zusammen mit anderen Verdächtigen auf die Festung Hohenasperg gebracht. Das österreichische Armeekommando in Stuttgart hatte die Festgenommenen denunziert, sie stünden in hochverräterischen Kontakten mit den Franzosen ‚zur Errichtung einer deutschen Republik'.“

Innerhalb kurzer Zeit wendet sich jedoch das Blatt der großen Politik. Der Herzog selbst löste sich aus der Militärkoalition mit Habsburg. Er knüpft Verbindungen mit dem siegreichen Frankreich. Ein Verfahren gegen die tatsächlichen oder vermeintlichen Franzosenfreunde ist nicht mehr opportun. Nach sechs Wochen wird August Hauff gegen Kaution auf freien Fuß gesetzt, im Herbst desselben Jahres vollständig rehabilitiert und in den folgenden Jahren mehrfach befördert.

Wilhelm Hauff ist gerade sechs Jahre alt geworden, als sein couragierter Vater im Februar 1809 stirbt. Die finanzielle Situation wird schwierig. Die Witwe Hauff kann ein freies Studium für den zweiten Sohn nicht finanzieren. Hauff wählt den klassischen württembergischen Weg zur Erlangung akademischer Würden: Er wird, wie schon vor ihm ein Hegel, ein Hölderlin oder ein Schelling, Theologe auf Staatskosten. Wie bereits seinen prominenten Vorgängern schmeckt auch ihm der Pfarrerberuf nicht. Über den Weg des Hauslehrers wird er freier Schriftsteller und in seinem Todesjahr Redakteur des Stuttgarter *Morgenblatt für gebildete Stände* mit tausendvierhundert Gulden Jahresgehalt.

Wenn man von seiner Gedichtanthologie *Kriegs- und Volkslieder* (1824) absieht, so realisiert er sein erstaunlich großes literarisches Œuvre in knapp drei Jahren. Es umfasst, keineswegs vollständig, in der ersten Gesamtausgabe von 1830, sechsunddreißig Bändchen! Da ist das Erzählwerk *Mitteilungen aus den Memoiren des Satan*, der historische Roman und Bestseller *Liechtenstein*, die Romanparodie *Der Mann im Mond*, die *Fantasien im Bremer Ratskeller*, die polemische *Controvers Predigt*, Novellen wie *Jud Süß* und *Die letzten Ritter von Marienburg*, Prosaskizzen, Rezensionen, Korrespondenzberichte. Unsterblich und frisch bis heute sind die in drei Almanachen veröffentlichten Märchen wie *Die Geschichte von Kalif Storch*, *Die Geschichte von dem Gespensterschiff*, *Die Geschichte von dem kleinen Muck*, *Der Zwerg Nase*, *Das Wirtshaus im Spessart* und das im Juli 1827 in seiner Endfassung geschriebene Märchen *Das kalte Herz*.

Wilhelm Hauff ist verheiratet mit seiner Cousine Luise Hauff. Er ist ein eminent politischer Kopf. In seiner Novelle *Jud Süß* ruft er das Schicksal des gehenkten Finanzrates Josef Süß in Erinnerung. Hauff kritisiert den Justizmord an dem Bankier des verschwenderischen württembergischen Herzogs Karl Alexander scharf als „unbegreiflich" und als einen Akt „der schmählichsten Barbarei". Die Nazis haben später aus Hauffs Novelle und Lion Feuchtwangers 1925 erschienenen Erfolgsroman *Jud Süß* den gleichnamigen antisemitischen Hetzfilm unter der Regie von Veit Harlan (1940) gemacht. Dabei kritisierte Hauff durchaus ausgewogen die gewagten Finanzoperationen des jüdischen Bankiers zu Gunsten seines luxuriösen Landesherrn wie auch die pogromartige Rache des Pöbels und der Landstände. Hauff schrieb: „Beides, die Art, wie dieser unglückliche Mann mit Württemberg verfahren konnte, und seine Strafe, sind gleich auffallend und unbegreiflich zu einer Zeit, wo man schon längst die Anfänge der Zivilisation und Aufklärung hinter sich gelassen, wo die Blüte der französischen Literatur mit unwiderstehlicher Gewalt den gebildeteren Teil Europas aufwärts riss."

Während Hauffs Frau Luise ihr erstes Kind, eine Tochter, als Frühgeburt, entbindet, fällt Wilhelm Hauff im November 1827, vermutlich auf Grund einer Gehirnentzündung, ins Delirium. Als er noch einmal aus dem Koma auftaucht, sagt er bitter: „Zweiundzwanzig und fünfundzwanzig Jahre, mein braves, liebes Weib, die schönsten Aussichten und alles dies vorbei."

Hauff teilt das Schicksal der früher verstummten Dichter wie Hölderlin, Kleist oder Novalis: Was hätte dieser hochbegabte Schriftsteller nicht noch alles schaffen können! Sein Tod löst unter den gebildeten Ständen Fassungslosigkeit und Trauer aus. Dichterkollegen wie Gustav Schwab und Ludwig Uhland sprechen an seinem Grab. Schwab rühmt 1830 in seiner biografischen Einleitung zu den Schriften des Verstorbenen, Hauffs Dichtertalent habe sich nirgendwo „so rein und von Fremdartigem und Zufälligem so ungetrübt" geäußert, nirgends sei er „der Poesie mit denjenigen Mitteln, die ihm dazu verliehen waren, so auf die rechte Spur gekommen, wie in diesen Märchen, deren ursprünglicher Stoff zwar größtenteils nicht ihm selbst angehört, jedoch mit so freiem Fantasiespiele behandelt und dabei doch so schön abgerundet sind, dass sie auch in dieser Beziehung unter seinen Werken oben anstehen."

Das kalte Herz ist ein *Kunstmärchen*. Es ist also nicht eine jener urwüchsigen poetischen Erzählungen, wie sie zum Beispiel die Gebrüder Grimm dem Volk ablauschten, redigierten und zu Papier brachten. Nein, Hauff hat als Schriftsteller diese Märchen entweder erfunden oder vorgefundene Stoffe kunstvoll literarisch stilisiert. Kunstmärchen sind in Europa seit der Aufklärung in Italien, Frankreich, später in Deutschland, Schweden und England entstanden. Sie verwenden das wunderbare Figurenarsenal und die anrührenden Motive des Volksmärchens und grenzen sich zugleich kritisch von ihnen ab. An den „Wundern", dem „Glasmännchen" und dem „Holländer Michel", haftet zwar der Hauch des Übersinnlichen, aber sie haben, für den Leser erkennbar, einen symbolischen Charakter. Der Autor des Kunstmärchens spielt, ob er nun Christoph Martin Wieland, Hans-Christian Andersen oder Wilhelm Hauff heißt, mit den Illusionen und entlässt die Helden am

Ende in eine Alltagswelt. Das Kunstmärchen reflektiert häufig moderne zeitgenössische Konflikte, im vorliegenden Fall die Bedrohung der alten abendländisch-christlichen Gefühlswerte durch die kapitalistische Geldherrschaft.

Schauen wir uns zunächst einmal den Inhalt des Märchens an. In meiner darauffolgenden Deutung stütze ich mich vor allem auf den materialreichen Essay von Manfred Frank (in *Das kalte Herz. Texte der Romantik*, Frankfurt/Main 2005) und die vorzügliche Deutung von Kurt Steasny (*Was Hauffs Märchen erzählen. Original und Deutung*, Schaffhausen 1995). Steasny grenzt Hauff klar von der literarischen Romantik ab. Zwar spiele der Dichter noch mit den Elementen des romantischen Geistes, aber er bewege sich bereits „zwischen den Zeiten": „Eine Hinwendung zum Realistischen war nicht nur Folge der beginnenden industriellen Revolution und des Siegeszuges der Naturwissenschaften, sondern gleichzeitig in der Erkenntnis begründet, dass im Romantischen auch manches Kranke...sich zu entwickeln begonnen hatte. Dem standen gegenüber ein wachsendes Kapital und die große Zahl der durch den Kapitalismus ausgebeuteten Arbeiter. In beide Richtungen zählte Wilhelm Hauff."

Da lebt ein junger Köhler, Peter Munk, im Schwarzwald. Mit sechzehn Jahren hat er seinen Vater verloren. Die Witwe, Frau Barbara, hält ihren Sohn zur gewissenhaften Ausübung der Kohlenbrennerei an. Peter ist ein Grübler. Er ist unzufrieden über seinen Stand. „Ein schwarzer, einsamer Kohlenbrenner", sagt er sich, „es ist ein elend Leben. Wie angesehen sind die Glasmänner, die Uhrmacher, selbst die Musikanten am sonntagabends". Mit Neid schaut er auf die Flößer auf der anderen Seite des Schwarzwaldes. Sie haben reichlich Geld. Es sitzt ihnen locker in der Tasche, „denn an manchem Feiertagabend hatte er den einen oder anderen dieser ‚Holzherren' mehr verspielen sehen, als der arme Vater Munk in einem Jahr verdiente". Vor allem beneidet er den dicken Ezechiel, einen reichen Holzbaron, und den langen Schlurker, der rücksichtslos ist und „unmenschlich viel Geld" besitzt, schließlich den rätselhaft „steinreich" gewordenen Tanzbodenkönig; dieser macht mit seiner „Musik in den Beinen" die Mädchen im Wirtshaus verrückt. „Zwar hatten alle Drei einen Hauptfehler, der sie bei den Leuten verhasst machte, es war ihr schier unmenschlicher Geiz, ihre Gefühllosigkeit gegen Schuldner und Arme… So standen sie jedoch wegen ihres Geldes in Ansehen; denn wer konnte Taler wegwerfen wie sie, als ob man das Geld von den Tannen schüttelte."

Der junge Kohlenmunkpeter steckt in einer Krise. Er hält die Armut nicht mehr aus. Er will sich sogar umbringen. Da erinnert er sich, dass es im Schwarzwald ein „Glasmännlein" gibt, das schon vielen Verzweifelten geholfen hat. Es hat den schönen symbolischen Namen Schatzhauser. Er muss mit einem Spruch angesprochen werden, den Peter nur unvollständig kennt: „Schatzhauser im grünen Tannenwald/bist schon viel Hundert Jahre alt/dir gehört all Land, wo Tannen stehen…". Gesagt, getan. Peter findet das Glasmännlein auf dem hohen Tannenbühl und spricht es an. Es ist ein guter Geist, zwergenhaft klein. Doch so klein es ist, so mächtig ist es. Es irritiert den dummen Peter zunächst, indem es sich vor seinen Augen in ein zierliches Eichhörnchen mit roten Strümpfen und schwarzen Schuhen verwandelt.

Peter zieht daraufhin unverrichteter Dinge ab. Stattdessen stößt er auf den Holländer Michel. Vor ihm wurde er bereits gewarnt: Er hat den Schwarzwälder Flößern beigebracht, ihre Arbeitgeber zu betrügen und die Holzstämme nicht in Köln, sondern auf eigene Faust zu höherem Preis in Holland selbst zu verkaufen und den dadurch erzielten Gewinn einzubehalten. So kommen sie mit mehr Geld, aber auch mit Flüchen, schlechten Sitten, Trunk und Spiel in den Schwarzwald zurück. Der dicke Ezechiel, der lange Schlurker und der Tanzbodenkönig sollen sich dem Holländer Michel verkauft haben.

Genauso einen Handel schlägt der Holländer Michel auch dem armen jungen Köhler vor: „Peter, du bist ein armer Tropf und dauerst mich in der Seele, so ein munterer, schöner Bursche, der in der Welt was anfangen könnte und sollst Kohlen brennen!" Schon wickelt der riesengroße Mann in Flößerkleidung, der einen Stab so lang wie ein Mastbaum in der Hand trägt, hunderte Taler aus seiner „ungeheuren Tasche". Doch der Holländer Michel sieht nicht aus, als wenn er aus Mitleid Geld wegschenkte, ohne etwas dafür zu verlangen. Peter traut dem Braten nicht und flüchtet.

Das hätte ihn um ein Haar das Leben gekostet, denn der Riese wirft ihm seine gewaltige Stange nach. Sie zersplittert allerdings in der Luft wie an einer unsichtbaren Mauer. Ein langes Stück fällt zu Peter herüber: „Triumphierend hob er es auf, um es dem groben Holländer Michel zuzuwerfen; aber in diesem Augenblick fühlte er das Stück Holz in seiner Hand sich bewegen, und zu seinem Entsetzen sah er, dass es eine ungeheure Schlange sei, was er in der Hand hielt, die sich schon mit geifernder Zunge und mit blitzenden Augen an ihm hinaufbäumte." Die Todesschlange nähert sich seinem Gesicht, „da rauschte auf einmal ein ungeheurer Auerhahn nieder, packte den Kopf der Schlange mit dem Schnabel, erhob sich mit ihr in die Lüfte, und der Holländer Michel, der dies alles von dem Graben aus gesehen hatte, heulte und schrie und raste, als die Schlange von einem Gewaltigeren entführt ward."

Der Gewaltigere gibt sich Peter als das Glasmännlein zu erkennen. Ja, er stellt dem armen

Köhler sogar drei Wünsche frei: „Die ersten zwei sind frei. Den Dritten kann ich verweigern, wenn er töricht ist. So wünsche dir also jetzt etwas. Aber – Peter – etwas Gutes und Nützliches." Was wird sich Peter wünschen?

„So will ich denn fürs Erste", sagt er dem Glasmännlein, „dass ich noch besser tanzen könne als der Tanzbodenkönig und immer so viel Geld in der Tasche habe als der dicke Ezechiel." Das Glasmännlein erzürnt: „Welch ein erbärmlicher Wunsch ist dies, gut tanzen können und Geld zum Spiel zu haben!" Auf seine Warnung hin kratzt sich Peter hinter den Ohren und spricht nach einigem Zögern: „Nun, so wünsche ich mir die schönste und reichste Glashütte im ganzen Schwarzwald mit allem Zubehör und Geld, sie zu leiten." Peter werden alle Wünsche erfüllt. Er erhält zweitausend Gulden, um die größte Glashütte im Unterwald zu kaufen.

Mit den Erben des verstorbenen Glashüttenbesitzers wird er bald handelseinig. Er behält die vorhandene Arbeiterschaft und lässt sie nun Tag und Nacht Glas machen. Anfangs gefällt ihm das Handwerk: „Bald aber war ihm die Arbeit entleidet, und er kam zuerst nur noch eine Stunde des Tages in die Hütte, dann nur alle zwei Tage, endlich die Woche nur einmal, und seine Gesellen machten, was sie wollten. Das alles kam aber nur vom Wirtshauslaufen." Er wirft das Geld mit vollen Händen weg. Er gibt es anfangs allerdings auch den Armen. Jetzt führt er den Namen Tanzkaiser und Spielpeter, denn er spielt jetzt auch beinahe an allen Werktagen: „Darüber kam aber seine Glashütte nach und nach in Verfall, und daran war sein Unverstand Schuld." Peter Munk weiß nämlich mit der Menge Glas nichts anzufangen, weil er vom Handel nichts versteht. Er verkauft es zum halben Preis an herumziehende Händler, nur um seine Arbeiter bezahlen zu können. Am Ende ist er bankrott und muss die Glashütte verkaufen. Er wird vollends zum Spieler. Es kann ihm, so meint er, nichts passieren, denn nach seinem ersten Wunsch hat er ja immer ebensoviel in seiner Tasche wie der reiche Ezechiel. Als dieser jedoch eines Tages sein ganzes Geld verspielt und keinen roten Heller mehr in seiner Jacke findet, da ist auch Peter Munk bettelarm. Es ist aus mit ihm.

Trübsinnig schleicht Peter vom Wirtshaus in seine Wohnung zurück. Da erscheint neben ihm eine dunkle Gestalt. Es ist der Holländer Michel. Er sagt: „Mit dir ist's aus Peter Munk, all deine Herrlichkeit ist zu Ende, und das hätte ich dir schon damals sagen können, als du nichts von mir hören wolltest und zu dem dummen Glaszwerg liefst. Siehst du jetzt, was man davon hat, wenn man meinen Rat verachtet. Aber versuch es einmal mit mir, ich habe Mitleid mit deinem Schicksal."

Peter graut es. Aber die Verführung des Holländer Michels steckt in seinem Herzen. Als seine Glashütte versteigert wird, rennt er hoch zum Tannenbühl und darüber hinaus hinter den Grenzgraben – zum Holländer Michel. Der ist auf einmal groß wie ein Turm. Er hebt ihn wie eine Puppe hoch: „Setz dich nur auf meine Hand und halte dich an meinen Fingern, so wirst du nicht fallen." Der Holländer Michel springt mit dem vor Angst fast ohnmächtigen Peter den Felsen hinab, als wenn es eine bequeme Marmortreppe wäre. Er bewirtet ihn in seinem reichen Bauernhaus. Er kredenzt Wein und erzählt von den Freuden der Welt, von fernen Ländern, schönen Städten und Flüssen. Peter bekommt Sehnsucht nach den Abenteuern der Fremde.

Dann macht der Holländer Michel eine seltsame Bemerkung: „Wenn du im ganzen Körper Mut und Kraft, etwas zu unternehmen hattest, da konnten ein paar Schläge des dummen Herzens dich zittern machen; und dann die Kränkungen der Ehre, das Unglück, wozu soll sich ein vernünftiger Kerl um dergleichen bekümmern? Hast du's im Kopf empfunden, als dich letzthin einer einen Betrüger und schlechten Kerl nannte? Hat es dir im Magen wehe getan, als der Amtmann kam, dich aus dem Hause zu werfen? Was, sag' an, was hat dir weh getan?" Peter antwortet: „Mein Herz".

Das Herz, immer nur das Herz ist es, das uns leiden macht. Peter weiß das auch. Er fragt: „Aber wie kann man sich denn angewöhnen, dass es nicht mehr so ist? Ich gebe mir jetzt alle Mühe, es zu unterdrücken, und dennoch pocht mein Herz und tut mir wehe." Der Holländer Michel weiß Rat: „Gib mir das dumme pochende Ding, und du wirst sehen, wie gut du es dann hast."

Noch hat Peter Angst, denn ohne Herz müsste er doch sterben auf der Stelle. Aber der Holländer Michel zeigt ihm seine Sammlung von Herzen in Gläsern mit durchsichtiger Flüssigkeit gefüllt und etikettiert mit den Namen ihrer früheren Besitzer: „Da war das Herz des Amtmanns, das Herz des dicken Ezechiel, das Herz des Tanzbodenkönigs, das Herz des Oberförsters; da waren sechs Herzen von Kornwucherern, acht von Werboffizieren, drei von Geldmäklern – kurz, es war eine Sammlung der angesehensten Herzen in der Umgegend von zwanzig Stunden." Diese ironische Auflistung „ehrbarer" Berufe, denen Hauff hier ein kaltes Herz bescheinigt, hätte wohl selbst einem Dieter Hildebrand im Politkabarett „Scheibenwischer" zur Ehre gereicht!

Mit der Aussicht, bald Millionär zu werden, verkauft Peter sein Herz für hunderttausend Gulden. Der Holländer Michel nimmt ihm sein zuckendes Herz aus dem Brustkorb und setzt ihm dafür ein steinernes ein. Er beruhigt den ängstlichen Peter: „Warum soll denn ein Herz warm sein? Im Winter nützt dir die Wärme nichts, da hilft ein guter Kirschgeist mehr als ein warmes Herz, und im Sommer, wenn alles schwül und heiß ist, – du glaubst nicht, wie dann ein solches Herz abkühlt, und, wie gesagt, weder Angst noch Schrecken, weder törichtes Mitleid noch anderer Jammer pocht an ein solches Herz."

Der bald reich gewordene Peter Munk reist zwei Jahre durch Europa und gibt viel Geld aus. Aber so viele Sehenswürdigkeiten des Abendlandes er auch besichtigt „es freute ihn nichts, kein Bild, kein Haus, keine Musik, kein Tanz, sein Herz von Stein nahm an nichts Anteil, und seine Augen, seine Ohren waren abgestumpft für alles Schöne. Nichts war ihm mehr geblieben als die Freude am Essen und Trinken. Hie und da erinnerte er sich zwar, dass er fröhlicher, glücklicher gewesen sei, als er noch arm war und arbeiten musste, um sein Leben zu fristen. Da hatte ihn jede schöne Aussicht ins Tal, Musik und Gesang ergötzt, da hatte er sich stundenlang auf die einfache Kost, die ihm die Mutter zu dem Meiler bringen sollte, gefreut." Zurückgekehrt sucht er den Holländer Michel auf und fordert von ihm: „Gib mir lieber mein altes Herz."

Das rückt der Holländer Michel nicht heraus. Wieder macht er ihm Versprechungen: „Setze dich jetzt hier irgendwo im Wald, bau ein Haus, heirate, treibe dein Vermögen um, es hat dir nur an Arbeit gefehlt; weil du müßig warest, hattest du Langeweile, und schiebst jetzt alles auf dieses unschuldige Herz." Das leuchtet Peter ein. Er will Abschied vom Müßiggang nehmen und nimmt sich vor, „reich und immer reicher zu werden". Der Holländer Michel schenkt ihm noch einmal hunderttausend Gulden und entlässt ihn als „seinen guten Freund".

Peter beginnt, zu betrügen. Zum Schein betreibt er jetzt Holzhandel, sein Hauptgeschäft wird jedoch, mit Korn und Geld zu handeln: „Der halbe Schwarzwald wurde ihm nach und nach schuldig, aber er lieh Geld nur auf zehn Prozent aus oder verkaufte Korn an die Armen, die nicht gleich zahlen konnten, um den dreifachen Wert. Mit dem Amtmann stand er jetzt in enger Freundschaft, und wenn einer Herrn Peter Munk nicht auf den Tag bezahlte, so ritt der Amtmann mit seinen Schergen hinaus, schätzte Haus und Hof, verkaufte es flugs und trieb Vater, Mutter und Kind in den Wald."

Die solcher Art um ihre Existenz gebrachten Männer flehen den reichen Peter um Nachsicht an, „die Weiber suchten das steinerne Herz zu erweichen, und die Kinder winselten um ein Stücklein Brot". Aber der Peter hetzt seine Fleischerhunde auf die „Bettelleute". Selbst die eigene Mutter jagt er vom Hof und lässt ihr bestenfalls durch einen Knecht gelegentlich einen „Sechsbätzner", also ein paar Groschen, durch das Fenster hinausreichen.

Jetzt geht er aufs Ganze. Er will heiraten. Das kann natürlich nur die schönste Frau im ganzen Schwarzwald sein. Er findet schließlich Lisbeth, die Tochter eines armen Holzhauers. Sie ist die Schönste und Tugendsamste im ganzen Wald. Folgsam wird sie seine Frau, doch sie erlebt ein böses Erwachen: „Aber es wurde der Armen nicht so gut, als sie es sich erträumt hatte. Sie glaubte, ihr Hauswesen wohl zu verstehen, aber sie konnte Herrn Peter nichts zu Dank machen. Sie hatte Mitleiden mit armen Leuten, und da ihrer eher reich war, dachte sie, es sei keine Sünde, einem armen Bettelweib einen Pfennig und einem alten Mann einen Schnaps zu reichen; aber als Herr Peter dies eines Tages merkte, sprach er mit zürnenden Blicken und mit rauer Stimme: ‚Warum verschleuderst du mein Vermögen an Lumpen und Straßenläufer?'"

Die schöne Lisbeth weint heimlich in ihrer Kammer über den harten Sinn ihres Mannes. Dann kommt es zur Katastrophe. Eines Tages kommt ein altes Männlein des Weges daher. Es trägt einen großen schweren Sack. Lisbeth hört ihn schon von weitem keuchen. Der Alte bittet um einen Schluck Wasser. Sie gibt es ihm. Aber dann tauscht sie voller Mitleid den Wasserkrug aus, nimmt einen Becher, füllt ihn mit Wein, legt ein gutes Roggenbrot darauf und bringt es dem Alten: „So, und einen Schluck Wein mag Euch besser frommen als Wasser, da Ihr schon so gar alt seid, aber trinket nicht so hastig und esset auch Brot dazu."

Der alte Mann ist gerührt. Solch ein gutes Herz bleibt nicht unbelohnt, meint er zu Lisbeth. Da erscheint Peter Munk mit blutrotem Gesicht. Er schreit: „Nein, und den Lohn soll sie zur Stelle haben: Er drehte die Peitsche um, die er in der Hand hielt, und schlug sie mit dem Handgriff von Ebenholz so heftig vor die schöne Stirne, dass sie leblos dem alten Mann in die Arme sank. Als er dies sah, war es doch, als reue ihn die Tat auf der Stelle; er bückte sich herab, zu schauen, ob noch Leben in ihr sei, aber das Männlein sprach mit wohlbekannter Stimme: ,Gib dir keine Mühe, Kohlenpeter; es war die schönste und lieblichste Blume im Schwarzwald, aber du hast sie zertreten, und nie mehr wird sie wieder blühen.'"

Es ist das Glasmännlein, der Herr Schatzhauser, der so furchtbar spricht. Peter, der seine Seele an das Böse verkauft hat, winselt lediglich: „Ich hoffe, ihr werdet mich nicht beim Gericht anzeigen als Mörder." Trotz seines steinernen Herzens beginnt er zu zittern. Denn das Glasmännlein „wurde hoch und breit und seine Augen sollen so groß gewesen sein wie Suppenteller, und sein Mund war wie ein geheizter Backofen und Flammen blitzten daraus hervor". Peter wirft sich auf die Knie. Doch das nützt ihm nichts mehr: „Mit Geierskrallen packte ihn der Waldgeist im Nacken, drehte ihn um wie ein Wirbelwind dürres Laub und warf ihn dann zu Boden, dass ihm alle Rippen knackten. ,Erdenwurm!' rief er mit einer Stimme, die wie der Donner rollte, ‚ich könnte dich zerschmettern, wenn ich wollte, denn du hast gegen den Herrn des Waldes gefrevelt. Aber um dieses toten Weibes willen, die mich gespeist und getränkt hat, gebe ich dir acht Tage Frist. Bekehrst du dich nicht zum Guten, so komme ich und zermalme dein Gebein, und du fährst hin in deinen Sünden.'"

Peter sieht den Tod vor Augen. Krank vor Sorge sucht er, sein Leid mit einem Leidensgenossen zu teilen – dem dicken Ezechiel, der auch ein steinernes Herz in der Brust trägt. Was wird mit uns geschehen, fragt er. Ezechiel antwortet: „Nun – gut wird es uns gerade nicht gehen. Hab' mal einen Schulmeister darüber gefragt, der sagte mir, dass nach dem Tode die Herzen gewogen würden, wie schwer sie sich versündigt hätten. Die leichten steigen hinauf, die schweren sinken hinab, und ich denke, unsere Steine werden ein gutes Gewicht haben."

Doch Peter erfährt Barmherzigkeit. Nacht für Nacht flüstert ihm eine süße Stimme ins Ohr: „Peter, schaff' dir ein wärmeres Herz". Nun sucht er noch einmal das Glasmännlein auf – er hat ja bei ihm noch den dritten Wunsch offen. Das Glasmännlein hält sein Wort und verrät ihm, wie er dem Holländer Michel das Herz wieder abluchsen kann. Mit dieser List und mit einem Kreuzlein ausgestattet betritt er das Haus des Bösen. Er provoziert den dunklen Verführer: „Du bist nicht der Mann dazu, der einem das Herz so unbemerkt und ohne Gefahr aus der Brust reißen könnte; da müsstest du zaubern können." Das lässt der Holländer Michel nicht auf sich sitzen. Zum Beweis für seine magischen Künste setzt er dem Peter sein altes Herz wieder ein.

„Wahrhaftig, du hast doch Recht gehabt", sagt Peter mit vorgespieltem Erstaunen, indem er gleichzeitig sein Kreuzlein aus der Tasche zieht. Als der Holländer Michel das warme wieder gegen das steinerne Herz austauschen will, ruft Peter „Gemach, Herr Michel!" und hält dem Dämon das Kreuzlein entgegen: „Mit Speck fängt man Mäuse, und diesmal bist du der Betrogene." Und sogleich fängt Peter an zu beten, was ihm in der Eile alles so einfällt: „Da wurde Michel kleiner und immer kleiner, fiel nieder und wand sich hin und her wie ein Wurm und ächzte und stöhnte, und alle Herzen umher fingen an zu zucken und zu pochen, dass es tönte wie in der Werkstatt eines Uhrmachers." Als daraufhin ein schreckliches Gewitter aufzieht und Blitze die Bäume zerschmettern, flüchtet Peter in das Revier des Glasmännleins.

Dort angekommen überfällt ihn die Trauer wie eine dunkle Nacht. Er hat ja jetzt wieder sein warmes Herz. „Ach Herr", seufzt der Kohlenpeter zum Glasmännlein Schatzhauser, „als ich noch das kalte Steinherz trug, da weinte ich nie. Meine Augen waren so trocken als das Land im Juli; jetzt aber will es mir beinahe das alte Herz zerbrechen, was ich getan! Meine Schuldner habe ich ins Elend gejagt, auf Arme und Kranke die Hunde gehetzt und ihr wisst es ja selbst – wie meine Peitsche auf ihre schöne Stirn fiel!"

Peter bittet das Glasmännlein, ihn zu töten. Dieser holt eine Axt: „Dann stand er langsam auf und ging hinter die Tannen. Peter aber setzte sich weinend ins Gras, sein Leben war ihm nichts mehr und er erwartete geduldig den Todesstreich. Nach einiger Zeit hörte er leise Tritte hinter sich und dachte: ‚Jetzt wird er kommen.‘" Doch die Schritte hinter ihm stammen von der schönen Lisbeth – sie ist nicht tot, sie war die ganze Zeit beim Glasmännlein.

Peter kehrt mit ihr in sein Haus zurück. „Wie staunten sie, als sie an die Hütte kamen! Sie war zu einem schönen Bauernhaus geworden, und alles darin war einfach, aber gut und reinlich." Das ist das Werk des guten Glasmännleins. Von jetzt an wird Peter Munk ein fleißiger und wackerer Mann: „Er ward zufrieden mit dem, was er hatte, trieb sein Handwerk unverdrossen, und so kam es, dass er durch eigene Kraft wohlhabend wurde und angesehen und beliebt im ganzen Wald. Er zankte nie mehr mit Frau Lisbeth, verehrte seine Mutter und gab den Armen, die an seine Türe pochten."

Nun wird Peter Munk auch Vater. Lisbeth gebärt einen schönen Knaben. Das Glasmännlein wird zum Paten. Es zeigt sich jedoch nicht, sondern wirft mit einem kurzen Windstoß einige Tannenzapfen herab ins Gras: „So will ich dies zum Andenken mitnehmen, weil Ihr Euch doch nicht sehen lassen wollt, rief Peter, steckte die

Zapfen in die Tasche und ging nach Hause; aber als er zu Hause das Sonntagswams auszog und seine Mutter die Taschen umwandte und das Wams in den Kasten legen wollte, da fielen vier stattliche Geldrollen heraus, und als man sie öffnete, waren es lauter gute, neue badische Taler, und kein einziger falscher darunter. Das war das Patengeschenk des Männleins im Tannenwald für den kleinen Peter."

Das Märchen *Das kalte Herz* endet mit den Worten: „So lebten sie still und unverdrossen fort, und noch oft nachher, als Peter Munk schon graue Haare hatte, sagte er: ‚Es ist doch besser, zufrieden zu sein mit wenigem, als Gold und Güter haben und ein kaltes Herz.'"

So weit das Märchen von Wilhelm Hauff. Man muss es selbst lesen, es wird unvergesslich bleiben. Es ist so genau und mit einem solchen erzählerischen Crescendo erzählt, das es seinesgleichen sucht.

Kurt Tucholsky rühmte 1918: „Wenn aber jemand nun bewusst dichtet, Märchen dichtet, und es werden auch welche, das heißt: man erzählt sie weiter und jeder empfindet: das ist ein Märchen (nicht: das ist wie im Märchen) – dann ist ein Wunder geschehen. Meines Wissen in der Literatur nur zwei Mal: bei Andersen und bei Hauff."

Die Krise

In der ganzen Geschichte des Menschen ist kein Kapitel unterrichtender für Herz und Geist als die Annalen seiner Verirrungen. Bei jedem großen Verbrechen war eine verhältnismäßig große Kraft in Bewegung... Man hat das Erdreich des Vesuvs untersucht, sich die Entstehung seines Brandes zu erklären; warum schenkt man einer moralischen Erscheinung weniger Aufmerksamkeit als einer physischen? Warum achtet man nicht in eben dem Grade auf die Beschaffenheit und Stellung der Dinge, welchen einen solchen Menschen umgaben, bis der gesammelte Zunder in seinem Inwendigen Feuer fing?

Friedrich Schiller
Der Verbrecher aus verlorener Ehre

„EIN SCHWARZER, EINSAMER KOHLENBRENNER!
ES IST EIN ELENDES LEBEN."

Man sollte Hauffs Märchen nicht zu leicht nehmen. Es ist alles andere als ein literarisches Schaumgebäck. In ihm steckt subversive Kraft. Es ist, unter dem Schein der Harmlosigkeit und des Kindervergnügens, geistige Konterbande, Schmuggelgut, das listig über die Grenzen der politischen Zensur schlüpft. Hauff selbst beschreibt das in seiner Einleitung der *Märchen für Söhne und Töchter gebildeter Stände*, indem er eine raffinierte Erzählung vorausschickt. Da gibt es eine bildschöne Königstochter, „Märchen" genannt. Ihre Mutter ist die Königin Fantasie. Diese herrscht über ein wundersames fernes Reich, von welchem die Sage geht, dass die Sonne in seinen ewig grünen Gärten niemals untergeht. Die Königin wird von allen geliebt: „Das Herz der Königin war aber zu groß, als dass sie mit ihren Wohltaten bei ihrem Lande stehen geblieben wäre; sie selbst im königlichen Schmuck ihrer ewigen Jugend und Schönheit stieg herab auf die Erde; denn sie hatte gehört, dass dort Menschen wohnen, die ihr Leben in traurigem Ernst, unter Mühe und Arbeit hinbringen. Diesen hatte sie die schönsten Gaben aus ihrem Reiche mitgebracht, und seit die schöne Königin durch die Flure der Erde gegangen war, waren die Menschen fröhlich bei der Arbeit, heiter in ihrem Ernst."

Königin Fantasie schickt auch ihre Kinder aus, um die Menschen zu beglücken. Eines Tages kommt Märchen, die älteste Tochter der Königin, traurig von der Erde zurück. Die Menschen auf der Erde liebten sie nicht mehr, sagt sie: „Überall, wo ich hinkomme, begegnen mir kalte Blicke; nirgends bin ich mehr gern gesehen." Wie kommt es, fragt die Königin ihre geliebte Tochter Märchen, dass sich die Leute dort unten so geändert haben? Märchen antwortet: „Sieh, die Menschen haben kluge Wächter aufgestellt, die alles, was aus deinem Reich kommt, o Königin Fantasie, mit scharfem Blicke mustern und prüfen. Wenn nun einer kommt, der nicht nach ihrem Sinne ist, so erheben sie ein großes Geschrei, schlagen ihn tot oder verleumden ihn doch so sehr bei den Menschen, die ihnen aufs Wort glauben, dass man gar keine Liebe, kein Fünkchen Zutrauen mehr findet. Ach! Wie gut haben es meine Brüder, die Träume. Fröhlich und leicht hüpfen sie auf die Erde hinab, fragen nicht nach jenen klugen Männern, besuchen die schlummernden Menschen und weben und malen ihnen, was das Herz beglückt und das Auge erfreut!"

Die Königin Fantasie kann Märchen dazu überreden, noch einmal auf die Erde hinabzusteigen. Sie soll vor allem die Herzen der Kinder gewinnen. Sie liebten das Fantastische und die Träume. Königin Fantasie weiß: „Sie kennen mich auch wohl, sie wissen zwar meinen Namen nicht, aber ich habe schon oft bemerkt, wie sie nachts zu meinen Sternen hinauflächeln, und morgens, wenn meine glänzenden Lämmer am Himmel ziehen, vor Freuden die Hände zusammenschlagen. Auch wenn sie größer werden, lieben sie mich noch. Ich helfe dann den lieblichen Mädchen bunte Kränze flechten, und die wilden Knaben werden stiller, wenn ich auf hoher Felsenspitze mich zu ihnen setze, aus der Nebelwelt der fernen blauen Berge hohe Burgen und glänzende Paläste auftauchen lasse, und aus den rötlichen Wolken des Abends kühne Reiterscharen und wunderliche Wallfahrtszüge bilde."

So spricht die Königin Fantasie und stattet ihre Lieblingstochter Märchen für den Besuch bei den Kindern neu aus: „Gehe zu ihnen; aber ich will dich auch ein wenig ordentlich ankleiden, dass du den Kleinen gefällst und die Großen dich nicht zurückstoßen; siehe, das Gewand eines Almanach will ich dir geben." Das ist ein zierliches Gewand von glänzenden Farben und eingewobenen Figuren. Die Zofen flechten dem schönen Mädchen das lange Haar. Sie binden ihr goldene Sandalen unter die Füße und hängen ihr das Gewand um. Märchen steigt herab auf die Erde. Mit pochendem Herzen nähert sie sich dem Ort, wo die Wächter hausen. Sie richtet ihren Blick demütig auf den Boden, zieht das schöne Gewand enger um sich und nähert sich mit zagendem Schritt dem Tor. „Halt!", ruft da eine tiefe raue Stimme, „Wache heraus! Da kommt ein neuer Almanach!"

Märchen zittert, als sie das hört: „Viele ältliche Männer von finsterem Aussehen stürzten hervor. Sie hatten spitzige Federn in der Faust und hielten sie dem Märchen entgegen. Einer aus der Schar schritt auf sie zu und packte sie mit rauer Hand am Kinn: ‚Nur auch den Kopf aufgerichtet, Herr Almanach', schrie er, ‚dass man Ihm in den Augen ansieht, ob Er was Rechtes ist oder nicht.'"

Märchen fleht: „Aber ich will ja nur zu den Kindern, dies könnt ihr mir ja doch erlauben?". Die Wächter aber sind scharfe Hunde. „Läuft nicht schon genug solches Gesindel im Land umher?", ruft einer der Wächter, „Sie schwatzen nur unseren Kindern dummes Zeug vor". Aber immerhin, die Zensoren wollen Märchen wenigstens einmal anhören: „Märchen streckte die Hand aus und beschrieb mit dem Zeigefinger viele Zeichen in der Luft. Da sah man bunte Gestalten vorüberziehen; Karawanen, schöne Rosse, geschmückte Reiter, viele Zelte im Sand der Wüste; Vögel und Schiffe auf stürmischen Meeren; stille Wälder und volkreiche Plätze und Straßen; Schlachten und friedliche Nomaden: Sie alle schwebten in belebten Bildern, in buntem Gewimmel vorüber."

Was passiert? Man möchte es kaum glauben, die Inquisitoren der Poesie und des kritischen Geistes sind Schlafmützen: „Märchen hatte in dem Eifer, mit welchem sie die Bilder aufsteigen ließ, nicht bemerkt, wie die Wächter des Tores nach und nach eingeschlafen waren." Ein freundlicher Mann, der die Szene beobachtet hat, rät ihr, die Chance zu nützen. Er zeigt auf die schlafenden

Zensoren und sagt: „Sieh her, gutes Märchen, für diese sind deine bunten Sachen nichts; schlüpfe schnell durch das Tor, sie ahnen dann nicht, dass du im Lande bist, und du kannst friedlich und unbemerkt deine Straße ziehen." So geschieht es denn auch: „Der gute Mann nickte ihr freundlich zu und half ihr, über die Füße der schlafenden Wächter hinüberzusteigen. Lächelnd sah sich Märchen um, als sie hinüber war und schlüpfte dann schnell in das Tor."

Die Gedanken sind also frei, besonders wenn sie wie Rosinen im Kuchen der Märchen versteckt sind. Dies gilt besonders für das vorliegende Märchen Hauffs, *Das kalte Herz*.

Das Märchen beginnt mit der Darstellung einer sozialen und individuellen Krise. Der Halbwaise Peter Munk, sechzehn Jahre alt, ist mehr notgedrungen ein Kohlenbrenner. Er „ließ es sich gefallen, weil er es bei seinem Vater auch nicht anders gesehen hatte, die ganze Woche über am rauchenden Meiler zu sitzen oder, schwarz und gerußt und den Leuten ein Abscheu, hinab in die Städte zu fahren und seine Kohlen zu verkaufen".

Seine Kohle mit Kohlen zu verdienen ist zu diesem Zeitpunkt des industriellen Umbruchs nicht nur mühselig, sondern ein Auslaufmodell. Die großen Bergwerke mit ihren Dampfmaschinen und ausgeklügelten Arbeitsorganisationen, die Brikettfabriken und die Verbesserungen des Transportsystems bilden zusammen ein übermächtiges Konkurrenzsystem, in der ein Köhler bald nichts mehr zu suchen haben wird. Der Schwarzwald und seine Menschen sind längst kein Paradies der Seligen mehr, obwohl Hauff über sie schreibt: „Sie sind größer als gewöhnliche Menschen, breitschultrig, von starken Gliedern, und es ist, als ob der stärkende Duft, der morgens durch die Tannen strömt, ihnen von Jugend auf einen freieren Atem, ein klareres Auge und einen festeren, wenn auch raueren Mut als den Bewohnern der Stromtäler und Ebenen gegeben hätte. Und nicht nur durch Haltung und Wuchs, auch durch ihre Sitten und Trachten sondern sie sich von den Leuten, die außerhalb des Waldes wohnen, streng ab. Am schönsten kleiden sich die Bewohner des badischen Schwarzwaldes; die Männer lassen den Bart wachsen, wie er von Natur dem Mann ums Kinn gegeben ist, ihre schwarzen Wämser, ihre ungeheuren, eng gefalteten Pluderhosen, ihre roten Strümpfe und die spitzen Hüte, von einer weiten Scheibe umgeben, verleihen ihnen etwas Fremdartiges, aber etwas Ernstes, Ehrwürdiges." Ist das alles nur Folklore?

Jugend ist Zukunft. Der junge Peter Munk ist ein feiner Seismograph der gefährlichen sozialen Veränderungen. Die dunklen Bäume und die tiefe Waldesstille stimmen „sein Herz zu Tränen und unbewusster Sehnsucht". Wie die meisten Märchenhelden ist er zu Beginn seiner aufregenden Lebensreise unglücklich: „Es betrübte ihn etwas, es ärgerte ihn etwas, er wusste nicht recht was." Jugend ist Identitätssuche, auch und gerade in der unbestimmten Sehnsucht. „Alles, was uns stört", sagt Emile Cioran, „erlaubt uns, uns selbst zu definieren. Ohne Verstimmung keine Identität. Chance und Pech eines bewussten Organismus."

Endlich merkt Peter, was ihn ärgert, es ist sein Stand. „Ein schwarzer, einsamer Kohlenbrenner!", sagt er sich, „es ist ein elend Leben. Wie angesehen sind die Glasmänner, die Uhrmacher, selbst die Musikanten am sonntagabends! Und wenn Peter Munk, rein gewaschen und geputzt, in des Vaters Ehrenwams mit silbernen Knöpfen und nagelneuen roten Strümpfen erscheint, und wenn dann einer hinter mir hergeht und denkt, wer ist wohl der schlanke Bursche und lobt bei sich die Strümpfe und meinen stattlichen Gang – sieh, wenn er vorübergeht und schaut sich um, sagt er gewiss: ach, es ist bloß der Kohlenmunk-peter".

Peter Munk ist ein Kind aus niedrigem Milieu. Von seiner Geburt her ist er jedoch ein Sonntagskind. Psychologisch will das nichts anderes sagen, als dass jeder von uns einen göttlichen Funken in sich trägt und zu Höchstem berufen ist, wenn er sich in seiner Wesenheit fleißig und tapfer realisiert.

Hauff beklagt in Peter Munks Schicksal nicht die Lage der Armen in einem überzeitlichen, märchenhaften Sinne, sondern ganz konkret in seiner Zeit. 1825 wurde etwa in Baden der Handel freigegeben und der Zunftbann aufgehoben. Das befreite einerseits die Wirtschaft von unerträglich gewordenen alten Fesseln, aber das Reformwerk beschleunigte in einem noch nie da gewesenen Maße die Geldspekulation, den Wucher und die Industrialisierung. Sie brachte mit ihrer Wucht Handwerk und Mittelstand um ihre Existenz und stieß Hunderttausende Lehrlinge, Gesellen, Landarbeiter und Fabrikarbeiter in die Verelendung. Als der badische Landtag eine Kommission mit dem Entwurf einer neuen Gewerbeordnung beauftragte, registrierte diese die „herzlose Bedrückung einer wehrlosen Schar abhängiger Arbeiter".

Eine internationale Wirtschaftskrise verschärfte noch die Situation. Ottmar Hinz schreibt über diese Krise und die Ängste der Epoche: „Um 1825/26 war Europa von einer schweren Wirtschaftsdepression heimgesucht worden; in Süd- und Mitteldeutschland wurden ganze Gewerbezweige durch die Massenprodukte der überlegenen britischen Industrie vom Markt gefegt; Augenzeugenberichte über die elenden Arbeits- und Lebensbedingungen englischer Fabrikarbeiter schockierten die Zeitungsleser auf dem Kontinent. Teile des deutschen Klein- und Bildungsbürgertums registrierten die Vorboten der Industrialisierung mit wachsender Furcht vor der entfesselten sozialen Dynamik und

suchten ihr Heil in restaurativen Wirtschafts-
konzepten. … Die Verschmelzung von Gesell-
schaftsanalyse, Milieuschilderung und Märchen-
fantasie in einer glaubhaften Erzählstruktur
macht *Das kalte Herz* zu einem der Meister-
werke dieses Dichters."

Peter Munk, der Antiheld schlechthin, steckt in
der Krise. Das Alte, die Köhlerexistenz seines
Vaters, ist nicht mehr lebbar, und das Neue, eine
Berufsperspektive mit künftigem Wohlstand, ist
nicht sichtbar. Wo ist überhaupt sein Platz in
der Gesellschaft? Im Blick zurück erkennen wir:
Das Wesen der Krise ist es, uns aufzurütteln.
Wir dürfen nicht länger in den Tag hineinleben,
sondern müssen uns unserer Existenz bewusst
werden. Unsere Hauptaufgabe ist es, besonders
als junger Mensch an der Schwelle der Generativität, der körperlichen und sozialen Zeugungs-
kraft, in unserem Leben einen Sinn zu finden.
Hauff zeigt an den Nöten und den Irrwegen seines schwachen Protagonisten, wie frustrierend
und langwierig dieses Ringen um den Sinn des
Lebens ist. Der Dichter lässt keinen Zweifel
daran aufkommen, dass die sozialen Widrig-
keiten einen Menschen bis an den Rand seiner

Existenz bedrücken und destruktiv verformen können. Er beschreibt in höchster psychologischer Verdichtung, um mit Schiller zu sprechen, „die Beschaffenheit und Stellung der Dinge, welche einen solchen Menschen umgaben, bis der gesammelte Zunder in seinem Inwendigen Feuer fing".

Der Kohlenpeter hat, wie viele Menschen, gleichzeitig mit seinem sozialen Handicap wie mit seinem privaten Defizit zu kämpfen. Er leidet nämlich unter dem Drama der Vaterentbehrung. Das Vorbild, die Liebe und die führende Hand eines Vaters fehlen ihm gerade in den wichtigsten Entwicklungsjahren. Der Vater ist es, der den Sohn in die Männlichkeit initiiert. Ein starker Vater stellt den Archetypus des Kämpfers dar. Er macht durch sein Vorbild dem Sohn Mut, die Herausforderung des Lebens mit sportlichem Geist anzupacken, schwierige Situationen auszuhalten, zäh zu sein, nicht nachzugeben, unbeirrbar Ziele zu realisieren, Freunde zu suchen, aber vor allem auf die eigenen Kräfte zu vertrauen. Die Lust, ein Mann zu sein, aktiv, erobernd, ritterlich, das ist die wegweisende Botschaft des Väterlichen.

Ein Sohn, der den Vater zu früh verliert, droht in die Überfixierung zur Mutter zu geraten. Die Witwe Munk ist, wie wir später sehen, eine unsichere, den Verführungen des Reichtums durchaus zugängliche Frau. Als Peter zum ersten Mal reich wird, ist sie „eitel genug, ihren früheren Stand zu verachten", sie prahlt: „Ja, als Mutter eines Mannes, der eine Glashütte besitzt, bin ich doch was anderes als Nachbarin Grete und Bete, und setze mich in Zukunft vorne hin in der Kirche, wo rechte Leute sitzen."

Männer mit einer Vaterwunde sind häufig moralisch und psychisch schwach. Sie leben im Minderwertigkeitskomplex; sie passen sich an und erwarten die Hilfe immer von anderen. Genau das schildert Hauff, wenn er seinen männlichen Antihelden zum „falschen Vater", dem Holländer Michel, laufen lässt. Wie lange braucht doch Peter Munk, um das Entscheidende zu begreifen, dass er nämlich sein Glück einzig und allein durch eigenen Fleiß und eigene Geschicklichkeit gewinnen kann! Dieses spezifisch männliche Urvertrauen vermittelt sich einem Jungen durch den Vater. Seine Chancen und sein Glück als Mann kann ihm auch die beste Mutter der Welt nicht in dieser Weise vermitteln. Der *animus*, die männliche Seele (C. G. Jung), ist, im positiven Fall, das größte Geschenk des Vaters.

Wenn ein Mann wie Peter Munk diese männliche Seele noch nicht hat und sich ein Leben aus zweiter Hand über den Holländer Michel stiehlt, dann verfehlt er sich selbst, seinen männlichen Auftrag. Es ist auch heute noch das Schicksal vieler Männer. Sie leben mit gebremster Kraft, sie sind Muttersöhnchen des Lebens.

Der Benediktiner und Publizist Anselm Grün hat für diese Männer ein großartiges Buch geschrieben, worin er achtzehn Archetypen des Mannes von Adam bis Jesus, vom Pilger bis zum wilden Mann beschreibt (*Kämpfen und lieben. Wie Männer zu sich selbst finden* Münsterschwarzach, 2003). Darin heißt es: „Es gibt heute viele vaterlose Männer. Sie leiden darunter, dass sie keinen Vater hatten, der ihnen den Rücken gestärkt hat. Sie sind anfällig, sich ganz für die Firma oder für eine Gruppe aufzuopfern. Doch sie opfern auch ihre eigene Kraft. Ihnen fehlt die männliche Energie, selbst etwas zu gestalten... Sie weigern sich, Verantwortung für sich und ihr Leben zu übernehmen. Indem sie sich mit ihrer Opferrolle identifizieren, werden sie aber selbst zum Täter. Sie benutzen andere, um ihre Bedürfnisse zu erfüllen, anstatt selbst für sich zu sorgen." Und: „Vaterlose Männer suchen starke Männer, um sich an sie zu lehnen. Wenn sie an die richtigen Männer geraten, werden sie ihren Weg finden. Wenn sie sich jedoch abhängig machen, werden sie Gurus nachlaufen und sich selbst dabei verlieren."

Das hat nach Anselm Grün auch Konsequenzen in der Partnerschaft, in der die Söhne mit der Vaterwunde keine Konturen zeigen. Grün: „Die Erfahrung zeigt, wie wenig junge Männer sich heute zutrauen. Sie sollen gegenüber Frauen immer lieb und nett sein und vergessen so, dass sie Männer sind. Sie trauen sich nicht zuzupacken, für sich zu kämpfen, Führungen zu übernehmen."

In einem Interview mit der Zeitschrift *Chrismon* (9/2005) erläutert der Theologe Grün das so: „Ich habe neulich einen Kurs für Männer gehalten. Da hatten wir eine Vorstellungsrunde, in der jeder ein Symbol aussuchen sollte: ein Schwert oder eine Rose. Die meisten haben die Rose genommen. Im Gespräch habe ich nachher festgestellt: Viele Männer trauen sich nicht, in einer Auseinandersetzung mit ihrer Frau zu kämpfen, weil sie sofort Angst haben, sie erfüllten das Klischee vom Rechthaber, vom Macho. Deshalb lieber die Rose. Was fehlt, ist beides: kämpfen und lieben. Manche Frauen sagen mir das auch ganz offen – eine hat erzählt, sie habe große Probleme mit ihrem Mann. Warum, fragte ich sie, versteht er dich nicht? Sie: Doch, viel zu viel. Er versteht immer nur, aber ich suche jemanden, der auch etwas dagegensetzt, der eine Klarheit hat, an der ich mich reiben kann.“

Der Allerweltsname *Peter* in Hauffs Märchen will sagen, es handelt sich um jedermann. Männer, aufgepasst: *Jeder Mann*.

Das Glasmännlein

*Wenn ich isoliert und ohne Beziehung
zu anderen bin, dann erfüllt mich eine
solche Angst, dass es mir völlig unmög-
lich ist, ein Gefühl für meine Identität
und mein Selbst zu entwickeln …
Ein Mensch mit dieser Einstellung ist
in Wirklichkeit ein Gefangener seiner
selbst, der eingesperrt und daher unausweichlich voller Angst und ohne
Glück ist.*

Erich Fromm
Der kreative Mensch (1959)

Peter, der Jedermann, hat ein Recht, sich zu entwickeln. Er hat ein Recht, dabei Fehler zu machen – und bei ihm ist es eine lange Pannenstrecke! Das Drama der Individuation, die Geburt der Persönlichkeit, ist ein aufregender und schmerzhafter Prozess, der aus viel Glück und viel Leid besteht. Wie jeder von uns trifft der Kohlenpeter dabei auf unterschiedliche Instanzen – gute und schlechte, innere und äußere.

„PETER, SCHAFF DIR EIN WÄRMERES HERZ"

Die zentrale positive Instanz ist in Peters Fall das Glasmännlein. Hauff warnt uns Leser allerdings in einer kritischen Einschränkung, es lediglich als übersinnlichen Waldgeist zu verstehen: „Noch vor kurzer Zeit glaubten die Bewohner dieses Waldes an Waldgeister, und erst in neuerer Zeit hat man ihnen diesen törichten Aberglauben nehmen können." Aber was ist das Glasmännlein dann?

Das Glasmännlein trägt den bürgerlichen Namen „Schatzhauser". Das heißt, dieses Wesen hütet, „behaust", einen Schatz. Aber was könnte dieser Schatz sein? Sicher ist, der Schatzhauser ist mit einer bürgerlichen Schwarzwälder Tracht gekleidet: das spitze Hütlein mit großem Rand, Wams und Pluderhöschen, rote Strümpfchen. Die Verkleinerungsform der Kleidungsstücke des „guten Geistchens" weist auf seine Funktion als Symbol hin. Dieser gute Geist ist verwandlungsfähig, taucht bald auf und verschwindet wieder, bewegt sich bei der ersten Begegnung mit Peter Munk wie ein Eichhörnchen luftig zwischen Erdenschwere und Gipfelhöhe. Er ist zwar klein, aber immer wieder gegenwärtig. Dieser Geist kann, in kritischen Situationen, eine furchterregende Größe annehmen. Er ist der Antipode zum bösen Holländer Michel. Kein Zweifel, das Glasmännlein ist außerordentlich wichtig. Wenn man in guten Kontakt mit ihm kommt, kann *etwas aus einem werden*. Peter erinnert sich: „Solange mein Vater noch lebte, kamen oft andere arme Leute zu Besuch, und da wurde lang und breit von reichen Menschen gesprochen, wie sie reich geworden; da spielte nun oft das Glasmännlein eine Rolle."

Die Figur des Glasmännleins lässt mehrere Deutungen zu: Einmal scheint sie mir das *Gewissen* zu repräsentieren, freudianisch gesprochen, das disziplinierende und kultivierende Überich. Zum anderen steht das Glasmännlein wohl für das bedrohte Ideal anständigen bürgerlichen Erwerbsinns, für fleißige Arbeit, Gemeinschaftssinn und Solidarität mit den gesellschaftlich Schwachen. Zum Dritten könnte das Glasmännlein alias Schatzhauser den guten Vaterarchetyp repräsentieren, nach dem vaterlose Söhne suchen und ihn häufig in einem Ausbilder, Lehrer, Chef oder älteren Freund finden. Nietzsche sagt einmal: „Wenn man keinen guten Vater hat, dann soll man sich einen adoptieren."

Das Glasmännlein könnte auch das *alter ego* des zerrissenen Kohlenpeter, seine gute Seite sein. Zwei Seelen wohnen doch in seiner Brust, die des Schatzhausers und die des Holländer Michel. Der Widerstreit zwischen diesen beiden Instanzen macht die innere Dramatik des Märchens aus. Verfolgen wir einmal die Spur des Glasmännchens: Am Anfang der Geschichte tut sich Peter schwer, es überhaupt zu finden. Vergessen wir nicht, Peter stellt, psychologisch gesprochen, den *isolierten Persönlichkeitstyp* dar. Er hat keine Freunde, sondern nur Sauf- und Spielkumpane wie den dicken Ezechiel, den langen Schlurker und den Tanzbodenkönig. Er achtet seine Mutter nicht. Er hat keine Geschwister. Er ist in keine Gemeinschaft eingebunden. Er findet die Zauberworte nicht vollständig, um zum Glasmännlein zu gelangen. Er tut sich schwer, die Stimme seines Gewissens zu hören.

Sokrates nannte diesen moralischen Kompass des Menschen das *daimonion*, die göttliche Stimme in ihm selbst. Ja, es sieht so aus, als ob das Glasmännlein-Gewissen den tumben Peter verspotte, wenn es sich wie ein Eichhörnchen nicht fangen lässt. Dafür hilft das Glasmännlein, sprich ein reines Gewissen, dem Peter, als ihn der Holländer Michel zum ersten Mal in seinen unsauberen Geldhandel hineinziehen will. Peter erkennt, „Der Holländer Michel sah nicht aus, wie wenn er aus Mitleid Geld wegschenkte, ohne etwas dafür zu verlangen". Peter überfällt „unerklärliche Angst und Bangigkeit". Noch ist er vor der Versuchung gefeit und ruft dem Holländer Michel kühn zu: „Schönen Dank, Herr! Aber mit Euch will ich nichts zu schaffen haben, und ich kenn' Euch schon". Da rennt ihm der böse Geldgeist „mit ungeheuren Schritten" nach und murmelt dumpf: „Wirst's noch bereuen, Peter, auf deiner Stirne steht's geschrieben, in deinem Auge ist's zu lesen; du entgehst mir nicht."

Beflügelt vom Geist des Glasmännleins gelingt es Peter zu fliehen. Er setzt über den Graben, der das Böse vom Guten trennt, über. Vergeblich wirft ihm der Holländer Michel seine lange Stange wie einen Speer nach. Sie zerbricht an der unsichtbaren Wand der Moralität. Doch ein Bruchstück von ihr verwandelt sich in eine lebensgefährliche Schlange, die sich an seinem

Arm hochwindet und ihre Giftzähne in sein Gesicht zu bohren droht. Da erscheint das Glasmännchen in Gestalt eines ungeheuren Auerhahnes, „packte den Kopf der Schlange mit dem Schnabel, erhob sich mit ihr in die Lüfte, der Holländer Michel, der dies alles vom Graben aus gesehen hatte, heulte und schrie und raste, als die Schlange von einem Gewaltigeren entführt wurde." Peter ist noch einmal gerettet.

Peter bedankt sich artig beim Schatzhauser, dem Glasmännlein, und bittet um Rat: „Aber Ihr seid wohl der Herr Auerhahn gewesen, der die Schlange totgebissen; da bedanke ich mich schönstens. – Ich komme aber, um mich Rats zu holen bei Euch; es geht mir gar schlecht und hinderlich; ein Kohlenbrenner bringt es nicht weit, und weil ich noch jung bin, dächte ich doch, es könnte noch was Besseres aus mir werden; wenn ich oft andere sehe, wie weit die es in kurzer Zeit gebracht haben; wenn ich nur den Ezechiel nehme und den Tanzbodenkönig; die haben Geld wie Heu."

Wer das Gewissen fragt, bekommt Antworten. Es ist nur die Frage, ob er sie annimmt. „Peter", mahnt ihn der Schatzhauser, „sag' mir nichts von diesen. Was haben sie davon, wenn sie ein paare Jahre dem Schein nach glücklich und dann nachher umso unglücklicher sind? Du musst dein Handwerk nicht verachten… Ich will nicht hoffen, dass es Liebe zum Müßiggang ist, was dich zu mir führt." Er gibt dem Kohlenpeter drei Wünsche frei, aber nur, wenn er verspricht, „brav zu arbeiten". Was es mit dem Wünschen auf sich hat, werden wir im Einzelnen noch sehen. Hier jedenfalls verhilft ihm der Schatzhauser oder, psychologisch gesprochen, die Einsicht des guten Gewissens, sich um eine reelle Existenz zu bemühen. Peter bekommt einen Vertrauensvorschuss.

Das Glasmännlein zieht aus einem kleinen Beutel zweitausend Gulden, jedoch mit einer unmissverständlichen Warnung: „Damit genug, und komme nicht wieder, um Geld zu fordern, denn dann müsste ich dich an die höchste Tanne aufhängen. So habe ich's gehalten, seit ich in dem Wald wohne. Vor drei Tagen aber ist der alte Winkfritz gestorben, der die große Glashütte gehabt hat im Unterwald. Dorthin gehe morgen früh und mach' ein Bot auf das Ge-

werbe, wie es recht ist. Halte dich wohl, sei fleißig, und ich will dich zuweilen besuchen und
dir mit Rat und Tat an die Hand gehen."

Man kann diese zweitausend Gulden, die der
Kohlenpeter zur Existenzgründung erhält,
schlechthin als ein Symbol für jene Mitgift verstehen, die jeder von uns bekommen hat. Mögen
ein Vater oder eine Mutter noch so problema-
tisch gewesen sein, sie haben uns die Mutter-
sprache beigebracht, sie haben uns zur Schule
und zur Ausbildung geschickt und uns geholfen, eine Lehrstelle oder einen Studienplatz zu
finden. Neben den psychischen Hypotheken
der Ursprungsfamilie, den Kränkungen und
Verletzungen, gibt es immer auch die materielle
und moralische Lebensausstattung, die uns unser Elternhaus mitgegeben hat. Die Frage ist
nur, ob wir diese biblischen Talente im Acker
vergraben oder ob wir sie vermehren und Zinsen daraus gewinnen.

Eigentlich könnte es ja nun mit Peter bergauf
gehen, und das Ende des Märchens wäre er-
reicht. Aber so einfach ist das Leben nicht. Wir
schlagen die wohlmeinenden Ratschläge in den

Wind. Das kann auch gar nicht anders sein. Nur durch Schaden wird man klug. Nur durch *trial and error*, durch Versuch und Irrtum, gelangen wir zur Wahrheit.

Peter stürzt also ab zum Säufer, Spieler, Gigolo, Bankrotteur, zum steinherzigen Millionär und Beinahe-Totschläger, bis ihn sein Gewissen in Form des Schatzhausers wieder einholt. Es ist die Szene, als dieser in der Maske eines alten Männleins vor dem stattlichen Haus des arrivierten Peter Munks auftritt und die Rolle des zu Tode erschöpften Boten spielt. Er bittet Peters Frau, die schöne Lisbeth, um einen Schluck Wasser: „Ja, wenn ich nicht Boten gehen müsste, der Armut halber und um mein Leben zu fristen, ach, so eine reiche Frau, wie Ihr, weiß nicht, wie weh Armut tut und wie wohl ein frischer Trunk bei solcher Hitze."

Hauff malt hier mit Innigkeit ein eucharistisches Mahl, in dem Wasser zu Wein verwandelt und die Liebe zelebriert wird: „Als sie dies hörte, eilte sie ins Haus, nahm einen Krug vom Gesims und füllte ihn mit Wasser; doch als sie zurückkehrte und noch wenige Schritte von ihm war, und das Männlein sah, wie es so elend und verkümmert auf dem Sack saß, da fühlte sie inniges Mitleid, bedachte, dass ihr Mann ja nicht zu Hause sei, und so stellte sie den Wasserkrug beiseite, nahm einen Becher und füllte ihn mit Wein, legte ein gutes Roggenbrot darauf und brachte es dem Alten."

Wer Liebe gibt, der wird Liebe ernten. Das gibt das verkleidete Glasmännlein zu verstehen: „Ich bin alt geworden, aber ich hab' wenige Menschen gesehen, die so mitleidig wären, und ihre Gaben so schön und herzig zu spenden wussten, wie Ihr, Frau Lisbeth. Aber es wird Euch dafür auch recht wohl ergehen auf Erden; solch ein Herz bleibt nicht unbelohnt."

Hier spricht die reine Stimme des Gewissens. Peter mit seinem steinernen Herzen vermag genau diese Stimme, diese Urinstanz des Guten in uns, nicht mehr zu hören. Er schlägt im Zorn seine Frau mit der Reitpeitsche nieder, dass sie wie tot daliegt.

Aber das Gewissen lässt sich auf die Dauer nicht belügen. Es ist eine gewaltige Kraft, die uns erschüttert und mit Vogelkrallen erfasst: „So wuchs und schwoll das Glasmännlein und wurde hoch und breit und seine Augen sollen so groß gewesen sein wie Suppenteller, und sein Mund war wie ein geheizter Backofen, und Flammen blitzten daraus hervor. Peter warf sich auf die Knie, und sein steinernes Herz schützte ihn nicht, dass nicht seine Glieder zitterten wie eine Espe. Mit Geierskrallen packte ihn der Waldgeist im Nacken, drehte ihn um, wie ein Wirbelwind dürres Laub und warf ihn dann zu Boden, dass ihm alle Rippen knackten. ‚Erdenwurm!‘ rief er mit einer Stimme, die wie der Donner rollte; ‚ich könnte dich zerschmettern, wenn ich wollte, denn du hast gegen den Herrn des Waldes gefrevelt. Aber um dieses toten Weibes Willen, die mich gespeist und getränkt hat, gebe ich dir acht Tage Frist. Bekehrst du dich nicht zum Guten, so komme ich und zermalme dein Gebein, und du fährst hin in deinen Sünden.‘“

Ein gutes Gewissen ist, wie der Volksmund sagt, ein gutes Ruhekissen. Ein vergewaltigtes Gewissen ist dagegen wie ein Krebsgeschwür, das die Zellen des Körpers und der Seele schwärend zersetzt.

Das Glasmännlein in uns ist eine unbequeme, aber wahrhaftige und helfende Instanz. Es stellt die entscheidenden Fragen unserer Existenz. Doch Peter steht nunmehr vor der Inventur und Bilanz seines Lebens: „Wie er nun so ganz allein war, kamen ihm sonderbare Gedanken; er fürchtete sich vor nichts, denn sein Herz war ja kalt; aber wenn er an den Tod seiner Frau dachte, kam ihm sein eigenes Hinscheiden in den Sinn, und wie belastet er dahinfahren werde, schwer belastet mit Tränen der Armen, mit Tausenden ihrer Flüche, die sein Herz nicht erweichen konnten, mit dem Jammer der Elenden, auf die er seinen Hund gehetzt, belastet mit der stillen Verzweiflung seiner Mutter, mit dem Blute der schönen, guten Lisbeth; nun konnte er doch nicht einmal dem alten Mann, ihrem Vater, Rechenschaft geben, wenn er käme und fragte: ,Wo ist meine Tochter, dein Weib?' Wie wollte er einem anderen Frage stehen, dem alle Wälder, alle Seen, alle Berge gehören und die Leben der Menschen?"

Noch einmal meldet sich nach allem Elend die „süße Stimme" des Gewissens. Wenn Peter von schweren Träumen geplagt immer wieder nächtlings aufwacht, flüstert ihm diese Glasmännchenstimme zu: „Peter, schaff dir ein wärmeres Herz!" In dem Moment, als Peter diesem Gewissensruf folgt, findet er auch, äußerlich über den Rat des Glasmännleins, den richtigen Weg, sein warmes Herz und damit die Fähigkeit zur Liebe zurückzugewinnen. Er luchst es dem Holländer Michel ab und siegt damit über das Böse. Jetzt ist er auch zu Reue fähig. Zum Glasmännlein, seinem *alter ego*, sagt er kummervoll: „Als ich noch das kalte Steinherz trug, da weinte ich nie, meine Augen waren so trocken als das Land im Juli; jetzt aber will es mir beinahe das alte Herz zerbrechen, was ich getan! Meine Schuldner habe ich ins Elend gejagt, auf Arme und Kranke die Hunde gehetzt, und Ihr wisst es ja selbst – wie meine Peitsche auf ihre schöne Stirn fiel!"

Doch das Männlein, das Sprachrohr seines Gewissens, antwortet: „Peter! Du warst ein großer Sünder! Das Geld und der Müßiggang haben dich verderbt, bis dein Herz zu Stein wurde, nicht Freud, nicht Leid, keine Reue, kein Mitleid mehr kannte. Aber Reue versöhnt, und wenn ich nur wüsste, dass dir dein Leben recht leid tut, so könnte ich schon noch etwas für dich tun." Sagt es und führt ihm die schöne Lisbeth wieder lebendig zu. Ihr Scheintod meint, dass er die eheliche Liebe mit seiner Herzlosigkeit, seinem Groll und seinem herrischen Gebaren getötet hatte. In dem Augenblick, in dem Peter Munk sein Herz wiedergefunden hat, geht es mit ihm bergauf. Er gewinnt die Liebe, das Leben und den Wohlstand wieder.

Das ist nach langen qualvollen Wehen die Geburtsstunde der reifen Persönlichkeit und ihres Schöpfertums. Erich Fromm sagt (in *Der kreative Mensch*, 1959): „Jeder Geburtsakt erfordert den Mut, etwas loszulassen…, um schließlich auf alle Sicherheiten zu verzichten und sich nur noch auf eines zu verlassen: auf die eigenen Kräfte, die Dinge wirklich wahrzunehmen und auf sie zu antworten, das heißt auf die eigene Kreativität. Kreativsein heißt, den ganzen Lebensprozess als den Geburtsprozess ansehen und keine Stufe des Lebens als endgültige zu betrachten. Die meisten Menschen sterben, bevor sie ganz geboren sind. Kreativität bedeutet, geboren werden, bevor man stirbt."

Der Holländer Michel

*Wie feuchten Ton will ich das Geld
behandeln;
Denn das Metall lässt sich in alles
wandeln.*

Der Geiz in Goethes *Faust II*

Wer ist der Holländer Michel? Eine Spuk-
erscheinung? Ja und nein. Ja, denn wir
sind immerhin in einem Märchen, da passen
fantastische Abkömmlinge eines Rübezahl ganz
gut hinein. Aber auch hier verweist der Dichter
auf den „törichten Aberglauben" des einfachen
Volkes – ein Stilmittel, dass natürlich, fein iro-
nisierend, die „Glaubwürdigkeit" des Erzählten
manifestieren soll. Lustvoll charakterisiert Hauff
den dämonischen Unhold mit sichtbarer Über-
treibung: „Der Holländer Michel aber, der auf
der anderen Seite des Waldes umgeht, soll ein
riesengroßer, breitschultriger Kerl in der Klei-
dung der Flößer sein, und mehrere, die ihn gesehen haben, wollen versichern, dass sie die
Kälber nicht aus dem Beutel bezahlen möchten,

DER HOLLÄNDER MICHEL SAH NICHT SO AUS, WIE
WENN ER AUS MITLEID GELD VERSCHENKTE...

deren Felle man zu seinen Stiefeln brauchen würde. ‚So groß, dass ein gewöhnlicher Mann bis an den Hals hineinstehen könnte', sagten sie und wollten nichts übertrieben haben."

Das Märchen *Das kalte Herz* wäre kein modernes Kunstmärchen, wenn die Figur des Holländer Michel nicht zugleich mehrere Symbole beinhalten würde. Er ist mit Sicherheit ein dunkler Vertreter des bedrohlichen Zeitgeistes. Obendrein stellt er auch die Inkarnation des Bösen dar. Und schließlich, etwas irdischer betrachtet, finden wir in ihm noch einen bösen Vaterarchetyp.

Im Gegensatz zum Schatzhauser alias Glasmännlein, der das vom Untergang bedrohte Ideal bürgerlichen Gewerbefleißes und sozialer Moral verkörpert, steht der Holländer Michel für das schamlose, durch keine Rücksichten mehr gebremste Gewinnstreben des Handelskapitals im ersten Drittel des 19. Jahrhunderts. In seiner Willkür und Rücksichtslosigkeit symbolisiert er die damit einhergehende Auflösung der früheren menschlichen Solidarität. Man könnte den Holländer Michel, modern gesprochen, auch einen Mr. Globalismus nennen, er steht für Neoliberalismus und Shareholder value. Er ist der Pionier des Kapitals, das über Leichen geht. Er produziert im 19. Jahrhundert Massenheere verelendeter Proletarier und heute die millionenfache Arbeitslosigkeit, während er dabei emotionslos auf Sachzwänge verweist. Er wirbelt alle Werte durcheinander. Er schafft Reichtümer auf dem Papier, die bei einem Börsenkrach innerhalb weniger Stunden wie Kreidezahlen auf einer Schiefertafel ausgelöscht werden können.

Wo die Holländer Michels auftreten, da fressen diese Heuschrecken des gnadenlosen Profitgeschäfts und der Kapitalverwertung den Menschen die Haare von den Köpfen. In den riesigen Stiefeln und der unglaublichen Arbeitskraft des Holländer Michels symbolisiert sich einerseits seine gesellschaftliche Dynamik und andererseits die Tyrannei seiner schrankenlosen Herrschaft. Die neue Geldwirtschaft, so zeigt Hauff, ist zwar in sich logisch, aber sie wird doch von Menschen gemacht. Wie vormals harmlose Menschen zu Raubtieren des Gewinnstrebens mutieren, sehen wir an der Entwicklung des

Holländer Michels. Auch er hat seine Geschichte.

Der Holländer Michel habe sich, so heißt es,
eines Tages bei einem reichen Schwarzwälder
Holzherrn verdingt. Dieser sei ein frommer
Mann mit viel Gesinde gewesen, „Er handelte
bis weit in den Rhein hinab, und sein Geschäft
war gesegnet". Der Michel, dieser baumlange
Riese, habe sich als gewaltiger Arbeiter ent-
puppt: „Beim Baumschlagen galt er für drei,
und wenn sechs an einem End schleppten, trug
er allein das andere." Dann habe er seinen Herrn
gebeten, ihn die Balken auf dem Fluss nach
Köln bringen zu lassen. Mit einem gewaltigen
Floß sei der Holländer Michel über den Neckar
und den Rhein gejagt. Die anderen Flößer wären aus dem Staunen nicht herausgekommen.

Da aber hätte die Geschichte eine entscheidende
Wendung genommen: „So waren sie in der
Hälfte der Zeit, die man sonst brauchte, nach
Köln am Rhein gekommen, wo sie sonst ihre La-
dung verkauft hatten; aber hier sprach Michel:
‚Ihr seid mir rechte Kaufleute und versteht
euren Nutzen! Meint ihr denn, die Kölner brau-

chen all dies Holz, das aus dem Schwarzwald kommt, für sich? Nein, um den halben Wert kaufen sie es euch ab und verhandeln es teuer nach Holland. Lasset uns die kleinen Balken hier verkaufen und mit den großen nach Holland gehen; was wir über den gewöhnlichen Preis lösen, ist unser eigener Profit.'"

Da haben wir es! Der Holländer Michel hat damit nicht nur seinen Herrn betrogen, sondern den gewonnenen Geldüberschuss – im Gegensatz zu dem „Knauser" und „Frömmler", dem Glasmännlein, – zinsbringend zirkulieren lassen. Er hat also damit keine neuen Werte geschaffen, sondern lediglich Wucher und Geldschöpfung auf Kosten anderer betrieben.

Peter Munk wird es ihm später nachmachen, wenn er den Armen, die nicht einmal mehr ihre Lebensmittel bezahlen können, das Geld gegen überhöhte Zinsen leiht. Der Holländer Michel besticht seine Flößerkumpane, indem er ihnen einen Teil seines horrenden Gewinns abtritt. Immerhin hat er, was sein Herr nicht weiß, für die Balken das Vierfache vom früheren Preis erlöst. Die Folgen des unsauberen Geschäfts lassen nicht auf sich warten. Denn Profitsucht bringt keinen Segen. Die Flößer „setzten sich mit Matrosen und anderem schlechten Gesindel in die Wirtshäuser, verschlemmten und verspielten ihr Geld... Von da an war den Burschen im Schwarzwald Holland das Paradies und Holländer Michel ihr König; die Holzherren erfuhren lange nichts von dem Handel, und unvermerkt kam Geld, Flüche, schlechte Sitten, Trunk und Spiel aus Holland herauf."

In diesem Sinn treibt der Holländer Michel, das heißt der neue böse Zeitgeist, seit hundert Jahren seinen Spuk im Wald, „und man sagt, dass er schon vielen behilflich gewesen sei, reich zu werden, aber – auf Kosten ihrer armen Seele."

Peter Munk, unser Simplizius Simplizissimus, verfällt immer stärker der Suggestivkraft des Holländer Michels und seiner Ideologie der Profitmaximierung. Gewiss, bei der ersten Begegnung vermag er, wie wir gesehen haben, der Verführung noch zu widerstehen und mit Hilfe seines Glasmännlein-Gewissens zu flüchten. Als er jedoch seine Glashütte in den Bankrott gewirtschaftet hat und Fabrik und Haus versteigern lassen muss, da wird er handelseinig mit dem Riesen. Eigentlich kann von einem Handel nicht die Rede sein, denn ein Vertrag setzt eine Ebenbürtigkeit der Partner voraus. Doch dieser Vertrag ist sittenwidrig. Wenn Peter Munk dem Holländer Michel für den Reichtum sein Herz im Tausch gibt, so liefert er sich dem Mammon mit Haut und Haaren aus. Er gibt sich selbst. Er macht sich zum Sklaven. Er entäußert sich seiner eigenen Natur. Das ist eine Höllenfahrt in die Abhängigkeit und Entmenschlichung.

Wilhelm Hauff schildert die moralische Fallhöhe dieses Herzens- und Seelenverkaufes mit einem schauerlichen Bild: „Holländer Michel sprang den Felsen hinab, wie wenn es eine sanfte Marmortreppe wäre; aber bald wäre Peter in Ohnmacht gesunken, denn als jener unten angekommen war, machte er sich so groß wie ein Kirchturm und reichte ihm einen Arm, so lang als ein Weberbaum und eine Hand daran, so breit als der Tisch im Wirtshaus, und rief mit einer Stimme, die heraufschallte wie eine tiefe Totenglocke(!): ‚Setz dich nur auf meine Hand und halte dich an den Fingern, so wirst du nicht fallen.‘ Peter tat zitternd, wie jener befohlen, nahm Platz an der Hand und hielt sich am Daumen des Riesen."

Wer seine Seele dem bloßen Gelderwerb verkauft, der hängt am Daumen eines unsichtbaren Riesen. So lässt sich der verführte Peter das „dumme pochende Ding" aus der Brust nehmen, obwohl es ihm graust. Aber er hört nicht mehr auf die Stimme seines Herzens. Er hat die Sprache der Gefühle verloren. Er ist, wie so viele Männer, der Welt der Dinge und Sachbezüge verfallen, der schlechten Rationalität und kalten instrumentellen Vernunft.

Der Holländer Michel öffnet eine Kammertür und führt Peter hinein: „Sein Herz zog sich krampfhaft zusammen, als er über die Schwelle trat, aber er achtete es nicht, denn der Anblick der sich ihm bot, war sonderbar und überraschend. Auf mehreren Gesimsen von Holz standen Gläser mit durchsichtiger Flüssigkeit gefüllt, und in jedem dieser Gläser lag ein Herz, auch waren an den Gläsern Zettel angeklebt und Namen darauf geschrieben, die Peter neugierig las; da war das Herz des Amtmanns in F., das Herz des dicken Ezechiel, das Herz des

Tanzbodenkönigs, das Herz des Oberförsters; da waren sechs Herzen von Kornwucherern, acht von Werbeoffizieren, drei von Geldmäklern – kurz, es war eine Sammlung der angesehensten Herzen in der Umgebung von zwanzig Stunden."

Wie aktuell sich das alles liest! Man meint die Vorstandsherren einer internationalen Bank oder eines Pharmakonzerns vor sich zu haben. „Schau", kommentiert der Holländer Michel, „diese alle haben des Lebens Ängste und Sorgen weggeworfen; keines dieser Herzen schlägt mehr ängstlich und besorgt, und ihre ehemaligen Besitzer befinden sich wohl dabei, dass sie den unruhigen Gast aus dem Hause haben." Was sie denn jetzt dafür in der Brust tragen, fragt Peter, den es schwindelt. „Dies", antwortet der Holländer Michel und reicht ihm ein steinernes Herz.

Der Holländer Michel, diese kalte Geschäftshyäne, die die Dritte Welt an den Zinsgalgen bringt, während sie noch deren Regenwälder verscherbelt und die Ölpreise diktiert, rühmt den Besitz eines kühlen Herzens, weil es „weder

Angst noch Schrecken, weder törichtes Mitleiden noch anderen Jammer" kennt, und er lügt damit nicht.

Mit hunderttausend Gulden Startkapital zieht der reiche Peter Munk nun in die Welt und spielt den großen Mann. Aber Geld allein, sagt die Volksweisheit, macht nicht glücklich: „Es freute ihn nichts, kein Bild, kein Haus, keine Musik, kein Tanz, sein Herz von Stein nahm an nichts Anteil, und seine Augen, seine Ohren waren abgestumpft für alles Schöne. Nichts war ihm mehr geblieben als die Freude an Essen und Trinken und der Schlaf. Und so lebte er, indem er ohne Zweck durch die Welt reise, zu seiner Unterhaltung speiste und aus Langeweile schlief."

„Die Erinnerung", sagt der Dichter Jean Paul (1763 – 1825), „ist ein Paradies, aus dem man nicht vertrieben werden kann". Aber es ist für Peter Munk, der das Herz, den Sitz der Gefühle, verloren hat, ein bitterer Blick in die Vergangenheit: „Hie und da erinnerte er sich zwar, dass er früher glücklicher gewesen sei, als er noch arm war und arbeiten musste, um sein Leben zu fris-

ten. Da hatte ihn jede schöne Aussicht ins Tal, Musik und Gesang ergötzt. Da hatte er sich stundenlang auf die einfache Kost, die ihm die Mutter zu dem Meiler bringen sollte, gefreut…".
Immer Luxus ist in Wahrheit Verarmung. In einem Gedicht von Eugen Roth heißt es:

Ein Mensch gelangt mit Müh und Not
vom Nichts zum ersten Stückchen Brot.
Vom Brot zur Wurst geht's dann schon besser,
der Mensch entwickelt sich zum Fresser.
Nun sitzt er scheinbar ohne Kummer
als reicher Mann bei Sekt und Hummer.
Doch sieh' zu Ende ist die Leiter,
vom Hummer aus geht's nicht mehr weiter.
Beim Brot, so meint er, war sein Glück,
doch findet er nicht mehr zurück.

Aber es kommt noch schlimmer: „Wenn er so über die Vergangenheit nachdachte, so kam es ihm ganz sonderbar vor, dass er jetzt nicht einmal lachen konnte, und sonst hatte er über den kleinsten Scherz gelacht. Wenn andere lachten, so verzog er nur aus Höflichkeit den Mund, aber sein Herz – lächelte nicht mit." Wer sein Herz dem Geldmachen verschreibt, dem vergeht das

Lachen. Steine sind tot. Sie lächeln nicht und sie weinen nicht.

Wie wichtig wäre doch das Weinen für unseren seelenlosen Peter. Denn die Trauer ist doch eine Zeit erhöhter Sensibilität, tieferer Einsichten und der Neuorientierung im Leben. Die angebliche Schwäche des Weinens ist ihre Stärke. Denn das Weinen reinigt uns und führt uns zu uns selbst. Das Weinen gibt uns am Ende mit seiner reinigenden Kraft den Mut zum Leben zurück. Nicht von ungefähr bekommen wir, wenn wir weinen, wieder das Kindergesicht. Im Weinen stellen wir nämlich die existenziellen Fragen eines Kindes nach Gut und Böse, nach Sinn und Unsinn unseres Lebens. Wer nicht mehr weinen kann, der ist verhärtet und wird leicht zum Opfer der Depression. Denn depressiv ist der reiche Peter Munk jetzt.

Es ist keine endogene Depression, aus irgendwelchen zerebralen Dysfunktionen entstanden. Es ist eine reaktive Depression – eine Reaktion auf den Seelen- und Lebensverlust. Wie viele Männer erlebe ich in meiner Praxis, die an dieser verborgenen Depression durch Sinnverlust leiden. Das ist mit dem banalen Wort *midlife crisis* nicht angemessen gewürdigt. Es bedeutet vielmehr die Versteppung einer ganzen Seelenlandschaft, den Exodus aus vitalen Lebens- und Sinnzusammenhängen. In diesem Sinn wird C. G. Jung ein tiefsinniges und hilfreiches Wort über die reaktive Depression zugeschrieben: „Die Depression ist eine Dame in Schwarz. Wenn sie an die Türe klopft, weise sie nicht ab, sondern bitte sie an deinen Tisch und höre zu, was sie dir zu sagen hat."

Peter Munk macht, wie so viele Männer, einen kleinen zögerlichen Versuch, seine Seelenlage zu verbessern. „Könnet Ihr das Steinherz nicht ein wenig beweglicher machen?", fragt er den Holländer Michel, „oder – gebt mir lieber mein altes Herz".

Aber noch nimmt unser Jedermann, der zum Millionär gemauserte Aufsteiger Peter Munk, seine Seelenkrise nicht wirklich ernst. Er ist ein Mann ohne Tiefgang und ohne Spiritualität geworden. Was heißt denn Spiritualität anderes als eine Welthaltung, die sich vom *spiritus*, vom Geist, bestimmt? Der Mensch lebt nicht vom

Brot allein und schon gar nicht vom ewigen Einerlei der Kaviarbrötchen und des Champagners. Eine tiefere Bestimmung muss hinzukommen, ein *Begründetsein* in der Welt. Eine Zielgebung, die sich vom Ende des Lebens her bestimmt. Denn der Tod wird jeden von uns eines Tages fragen: Was hast du aus deinem Leben gemacht? Hast du diese Welt um ein Stück wärmer und sinnvoller gemacht? Oder bist du nur umhergefahren, hast Geld verschwendet und dich um dein kleines Ich gekümmert?

Prompt lässt sich Peter vom Holländer Michel wieder einlullen. Dieser rät ihm zu sinnloser, selbstbezogener Aktivität, die in Wahrheit alle Züge der *Polypragmasie*, der Vielgeschäftigkeit, trägt: „Setze dich jetzt hier irgendwo im Wald, bau' ein Haus, heirate, treibe dein Vermögen um, es hat dir nur an Arbeit gefehlt; weil du müßig warest, hattest du Langeweile, und schiebst jetzt alles auf dieses unschuldige Herz." Das mit dem Müßiggang leuchtet dem Peter ein. Er nimmt sich vor, reich und immer reicher zu werden. Der Holländer Michel schenkt ihm noch einmal hunderttausend Gulden. Was sich dann ereignet, gehört zum Schauerlichsten dieses ohnehin so beklemmenden Märchens.

Der Kohlenmunkpeter, den man gerade noch vom Haus und Hof verjagt und aus dem Wirtshaus verwiesen hatte, steigt wieder im öffentlichen Ansehen, weil er erneut reich geworden ist. Tatsächlich ist er eine Art Holländer Michel junior geworden: „Er trieb jetzt aber nicht mehr das Glashandwerk, sondern den Holzhandel, aber nur zum Schein. Sein Hauptgeschäft war, mit Korn und Geld zu handeln. Der halbe Schwarzwald wurde ihm nach und nach schuldig, aber er lieh Geld nur auf zehn Prozent aus oder verkaufte Korn an die Armen, die nicht gleich zahlen konnten, um den dreifachen Wert. Mit dem Amtmann stand er jetzt in enger Freundschaft, und wenn einer Herrn Peter Munk nicht auf den Tag bezahlte, so ritt der Amtmann mit seinen Schergen hinaus, schätzte Haus und Hof, verkaufte es flugs und trieb Vater, Mutter und Kind in den Wald. Anfangs machte dies dem reichen Peter einige Unlust, denn die armen Ausgepfändeten belagerten dann haufenweise seine Türe, die Männer flehten um Nachsicht, die Weiber suchten das steinerne Herz zu erweichen, und die Kinder winselten um ein Stücklein Brot. Aber als er sich ein paar tüchtige Fleischerhunde angeschafft hatte, hörte diese Katzenmusik, wie er es nannte, bald auf. Er pfiff und hetzte, und die Bettelleute flogen schreiend auseinander."

Geld verdirbt den Charakter. Der ehemalige Kohlenpeter vergeht sich jetzt sogar am Heiligsten, an seiner Mutter, der armen Köhlerwitwe Barbara Munk: „Sie war in Not und Elend geraten, als man ihr Haus und Hof verkauft hatte, und ihr Sohn, als er reich zurückgekehrt war, hatte nicht mehr nach ihr umgesehen. Da kam sie nun zuweilen, alt, schwach und gebrechlich an einem Stock vor das Haus. Hinein wagte sie sich nicht mehr, denn er hatte sie einmal weggejagt; aber es tat ihr weh, von den Guttaten anderer Menschen leben zu müssen, da der eigene Sohn ihr ein sorgloses Alter hätte bereiten können. Aber das kalte Herz wurde nimmer gerührt von dem Anblicke der bleichen wohlbekannten Züge, von den bittenden Blicken, von der welken, ausgestreckten Hand, von der hinfälligen Gestalt. Mürrisch zog er, wenn sie sonnabends an die Türe pochte, einen Sechsbätzner hervor, schlug ihn in ein Papier und ließ ihn hinausreichen durch einen Knecht."

Natürlich ist Peter Munk auch nicht zur Liebe fähig. Die schöne Lisbeth steht mit ihrer reinen Seele vor ihm, eine fleischgewordene Mahnung des Guten, aber er muss sie verderben. Er ist ein *Geldsüchtiger*. Als Süchtiger liebt er das Geld naturgemäß stärker als einen Menschen.

Im Holländer Michel begegnet Peter dem negativen Vaterarchetyp, dem er sich ausliefert. Vaterlose Söhne verfallen leicht der Dominanz starker Männer, weil sie selbst innerlich schwach sind und nur über einen labilen Ich-Komplex verfügen. Männer mit einer Vaterwunde haben oft ein Autoritätsproblem, das heißt, sie kapitulieren vor der Macht eines Holländer Michels, ja sie identifizieren sich mit dem väterlichen Aggressor. Sigmund Freud konstatierte: „Die dunklen Nachrichten, die in Mythologie und Sage aus der Urzeit der menschlichen Gesellschaft auf uns gekommen sind, geben von der Machtfülle des Vaters und der Rücksichtslosigkeit, mit der sie gebraucht wurde, eine unerfreuliche Vorstellung."

Der Holländer Michel verkörpert in letzter Instanz das Böse in uns. Das ist der *Schatten* (C. G. Jung), also das, was wir an uns selbst verachten und verdrängen: Geiz, Geldgier, Neid, Eitelkeit, Herrschsucht. Das „Haste-was-biste-was", das „Mehr-scheinen-als-sein". Das Welttheater der Eitelkeiten, der Selbstdarstellung, der verlogenen Spaßgesellschaft.

Peter Munk schreitet am Daumen des Holländer Michels den Irrweg der Raffgier, der Konkurrenz und der geilen Schatzbildnerei. Er verlässt seinen früheren Beruf, die Kohle aus der nährenden Mutter Erde zu gewinnen. Nietzsche lehrt im *Zarathustra*, dass allein das Herz der Erde aus Gold sei. Er ermahnt uns, dieser Erde und ihren einfachen Genüssen treu zu bleiben. Er rät zum Misstrauen gegenüber jenen, die uns „Über- und Hinterwelten" predigen und jenen, die den Mammon als neuen Gott inthronisieren. Und Nietzsche mahnt an die Adresse des Holländer Michels in uns: „Wer wenig besitzt, wird umso weniger besessen."

emu Verlags- und
Vertriebs-GmbH
Dr.-M.-O.-Bruker-Haus
Dr.-Max-Otto-Bruker-Str. 3
56112 Lahnstein

Bitte in deutlichen Druckbuchstaben!

Absender:

Ein Verlag, ein Haus, eine Philosophie

☐ Sie möchten weitere Bücher aus dem emu-Verlag kennenlernen – wir schicken Ihnen unser Verlagsprogramm.

☐ Sie sind interessiert an der Ausbildung ärztlich geprüfter(r) Gesundheitsberater/in GGB – wir senden Ihnen das Lehrprogramm zu.

☐ Sie sind interessiert an unseren Frauen- oder Männer-Selbsterfahrungsgruppen – Sie erhalten das Programm und die Termine unserer Therapeuten.

☐ Sie wollen sich über Gesundheitsfragen und Vollwerternährung informieren – fordern Sie ein Probe-Exemplar des industrieunabhängigen Monatsmagazins »Der Gesundheitsberater« an.

(kreuzen Sie Ihren Wunsch an)

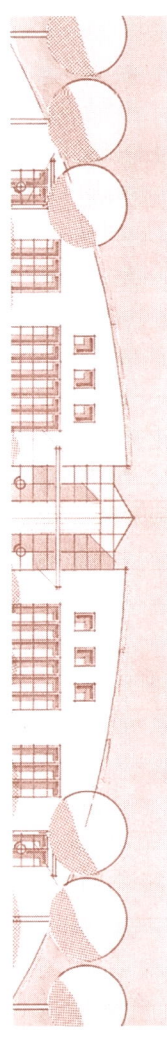

Die Wünsche

In uns ist alles. Was kümmert's dann den Menschen, wenn ein Haar von seinem Haupte fällt? Was ringt er so nach Knechtschaft, da er ein Gott sein könnte!

Hölderlin
Hyperion

In den alten Zeiten, wo das Wünschen noch geholfen hat", so beginnen viele Märchen. Welchen Sinn könnten die altehrwürdigen Wendungen haben? Der Mensch ist ein wünschendes Wesen. Millionen Menschen füllen Woche für Woche einen Lottoschein aus, weil sie wünschen, Millionär zu werden. Gleichzeitig wissen sie, dass wohl nur einer, bestenfalls eine Gewinngemeinschaft, den Jackpot knacken kann. Wünschen und Wollen ist ein Unterschied. Wer wünscht, kann im Augenblick noch nicht wollen. Er hat die Kraft noch nicht dazu. Die Situation ist noch nicht da. Man beachte das kleine Wörtchen „noch". Der Wunsch ist antizi-

WAS MAN WÜNSCHT, DAS GLAUBT MAN GERN
>DEUTSCHES SPRICHWORT<

patorisch, in die Zukunft greifend. Damit sind Wünsche wegweisend. Sie nehmen ein Ziel ins Visier. Sie spannen meine Kräfte an. Sie weisen auf eine aktuelle Bedürfnislage hin. Insofern sprechen wir von der „Macht der Wünsche". Ein Mensch, der keinerlei Wünsche mehr hat, ist möglicherweise gefährdet. Er lebt nur noch im *status quo*, zukunftslos, zu keiner Veränderung mehr fähig.

Nicht von ungefähr sprechen wir von der depressiven Wunschlosigkeit. In dem Grimmschen Märchen *Hans mein Igel* ist die Mutter des unglücklichen Hans so eine depressive, verschattete Frau. Als ihr Mann, der reiche hartherzige Bauer, eines Tages die Spendierhosen anhat und die Seinen fragt, was er ihnen vom Markt mitbringen soll, da wünscht sich der arme Hans einen Dudelsack, die lebensfrohe Magd „Toffeln und Zwickelstrümpfe", die Frau jedoch nur „Fleisch und Weck, was zum Haushalt gehört." Sie hat sich aufgegeben. Sie verschwindet denn bald darauf auch in der Erzählung. Wer dagegen wünscht, der lebt noch.

Natürlich gibt es auch Menschen, die *nur* wünschen, jedoch nicht wollen und daher auch nicht handeln. Das sind dann die Träumer. Es können durchaus erfolgreiche Träumer sein wie Hans im Glück, der sich von irdischen Dingen befreit und glücklich als freier Mensch zu seiner Mutter zurückkehrt. Es können aber auch lebensuntüchtige Träumer sein, die in ihrer Phantasiewelt verlorengehen.

Wünsche faszinieren uns – egal ob sie nun klug oder töricht sind, ob es die eigenen Träume oder die der anderen sind. Wir verfolgen alle gern das Schicksal von Millionengewinnern, wie im Lotto oder in der Ratesendung des Günther Jauch. Manche bauen sich ganz vernunftgesteuert ein Haus, stecken das Geld in die Ausbildung ihrer Kinder und legen den Rest hochverzinst an; manche halten wochenlang das Dorf frei, verprassen ihren Reichtum mit Luxusreisen, Lamborghinis und Rolex-Uhren, bis der letzte Euro auf den Kopf gehauen ist.

Man könnte formulieren: Sage mir, was du dir wünschst, und ich sage dir, wer du bist. Als ich ein Gymnasiast war, habe ich mir immer Bücher gewünscht. Heute ist es eine große Bibliothek geworden, deren Umfang längst meine Wohnung gesprengt hat. Bücher sind mein Leben und ein wichtiger Teil meines Berufes geworden. Es gibt also so etwas wie die „Wunschkraft" und die „Wunschgewalt". Jacob Grimm hat in seinem *Deutschen Wörterbuch* den Wunsch im ältesten Wortsinn als den „Inbegriff von Heil und Seligkeit" definiert. Ein guter Wunsch ist gleichsam eine Wünschelrute, die verborgene Zukunftsschätze aufspürt.

Es ist spannend zu verfolgen, wie der Kohlenpeter zwischen törichten und klugen Wünschen schwankt. Das Drama seiner Psychogenese, seiner Ichwerdung, wird darin plastisch sichtbar. Als ihm der Holländer Michel zum ersten Mal Hunderte Gulden anbietet, unterdrückt Peter noch seinen Wunsch. Er spürt, dass hinter dieser Verlockung eine böse Absicht steckt. Denn der Holländer Michel will ihn mit seinem Geld abhängig und hörig machen.

Das erinnert an eine Szene aus der legendären Fernsehserie *Kir Royal*, in der der skrupellose Unternehmer und Klebstoff-Fabrikant Heinrich Haffenloher, meisterhaft gespielt von Mario Adorf, den Reporter Baby Schimmerlos (Franz-Xaver Kroetz) als Propagandisten für seine dubiosen Geschäfte gewinnen will. Er versucht vergeblich, ihn mit Schmeicheleien und Einladungen zu gewinnen. Als alles nichts nützt, droht Haffenloher mit sanfter Gewalttätigkeit: „Ich scheiß dich so was von zu mit meinem Geld, dass du keine ruhige Minute mehr hast. Ich schick' dir jeden Tag Cash im Koffer. Das schickst du zurück. Einmal, zweimal, vielleicht sogar ein drittes Mal. Aber ich schick' dir jedes Mal mehr. Und irgendwann kommt dann mal der Punkt, da bist du so mürbe und so fertig, und die Versuchung ist so groß, da nimmst du es. Und dann gehörst du mir, dann bist du mein Knecht. Ich mach' mit dir, was ich will. Verstehste Junge, ich bin dir einfach über."

Nicht anders droht der Holländer Michel: „Wirst's noch bereuen, Peter, auf deiner Stirne steht's geschrieben, in deinem Auge ist's zu lesen; du entgehst mir nicht." Später dann darf Peter Munk sich vom Glasmännlein drei Wünsche erfüllen lassen. Peter versagt. Er äußert zwei törichte Wünsche: „Also darf ich wünschen, wonach mein Herz begehrt, so will ich denn fürs Erste, dass ich noch besser tanzen könne als der Tanzbodenkönig, und immer so viel Geld in der Tasche habe als der dicke Ezechiel." Wenn wir uns in falsche Wünsche verrannt haben, so wollen wir die Wahrheit nicht hören. Der Schatzhauser alias Glasmännlein warnt den Peter: „Du Tor! Welch ein erbärmlicher Wunsch ist dies, gut tanzen zu können und Geld zum Spiel zu haben! Schämst du dich nicht, dummer Peter, dich selbst so um dein Glück zu betrügen? Was nützt es dir und deiner armen Mutter, wenn du tanzen kannst? Was nützt dir dein Geld, das nach deinem Wunsch nur für das Wirtshaus ist und wie das des elenden Tanzbodenkönigs dort bleibt? Dann hast du wieder die ganze Woche nichts und darbst wie zuvor."

Da bringt Peter einen zweiten Wunsch vor, der zwar etwas besser, aber auch nicht richtig durchdacht ist: „Nun, so wünsche ich mir die schönste und reichste Glashütte im ganzen Schwarzwald mit allem Zugehör und Geld, sie zu leiten." Wieder warnt der Schatzhauser:

„Sonst nichts?" Einfältig erwidert der Kohlen-peter: „Nun – Ihr könntet noch ein Pferd dazu-tun und ein Wägelchen." „O, du dummer Kohlenmunkpeter!", ruft der Schatzhauser, „Pferde? Wägelchen? Verstand, sag ich dir, gesunden Menschenverstand und Einsicht hättest du dir wünschen sollen, aber nicht Pferdchen und Wägelchen."

Klug, wie der Schatzhauser ist, verweigert er dem Kohlenpeter vorläufig den dritten Wunsch. Der soll für eine spätere Notlage aufgespart werden.

Wir wissen, wie es Peter Munk mit seinen dummen Wünschen geht. Peter verkommt und stürzt am Ende in die Armut. Er verliert seine kostbare Seele, seine Demut, seine Güte, sein Mitleid. Er ist kindisch, ein oraler Charaktertypus, der sich alles einverleiben will, ohne die Kosten zu bedenken. Er erliegt der Macht des Zeitgeistes, das heißt der materiellen Versuchung. Geld, Geld, Geld! Nur wenn ein Mensch sich als Individuum eigenständig entwickelt und die Fähigkeit erwirbt, selbstständig zu denken und zu fühlen, wird er den Mut aufbringen, der

Macht des Geldes und der gesellschaftlichen Eitelkeit ein Nein entgegenzusetzen.

Natürlich kommt Peters Glashütte nach und nach in die roten Zahlen. Daran ist sein Unverstand Schuld. Der Schatzhauser redet dem Bankrotteur erneut ins Gewissen: „Ein Glasmann wolltest du sein und wusstest nicht, wohin dein Glas verkaufen? Sagte ich dir nicht, du solltest behutsam wünschen? Verstand, Peter, Klugheit hat dir gefehlt." Der Kohlenpeter begreift nichts. Er ist verrannt in seine Geldsucht. Jetzt will er seine Wünsche mit Gewalt durchsetzen. Jetzt fasst er sogar das Glasmännlein unsanft am Kragen und bedrängt es in seiner Gier: „„Hab' ich dich jetzt, Schatzhauser im grünen Tannenwald? Und den dritten Wunsch will ich jetzt tun, den sollst du mir gewähren. Und so will ich hier auf der Stelle zwei Mal hunderttausend harte Taler und ein Haus und – o weh!' schrie er und schüttelte die Hand, denn das Waldmännlein hatte sich in glühendes Glas verwandelt und brannte in seiner Hand wie sprühendes Feuer." Wünsche lassen sich nicht erzwingen.

Trotz seiner geschwollenen Hand ist der Kohlenpeter uneinsichtig. Er betäubt sein Gewissen, indem er argumentiert: „Und wenn sie mir die Glashütte und alles verkaufen, so bleibt mir doch immer der dicke Ezechiel. Solange der Geld am Sonntag hat, kann es mir an nichts fehlen." Auch hier kommt, wie wir wissen, das dicke Ende nach. Seine gierigen Wünsche treiben Peter immer weiter ins Elend. Um reich zu werden, verkauft er dem Holländer Michel sein Herz, seine Menschlichkeit. Als ihm auch das nicht gut anschlägt und er sich tödlich langweilt und mit dem Leben verfallen ist, lässt er sich vom Holländer Michel den Wunsch erfüllen, „reich und immer reicher zu werden". Zugleich wird er immer unglücklicher und unglücklicher.

Auch der eitle Wunsch, die schönste Frau des Schwarzwaldes zu heiraten, geht nur scheinbar in Erfüllung. Tatsächlich bekommt er die schöne und tugendhafte Lisbeth. Aber er behandelt sie wie ein äußerliches Glanzstück und Statussymbol. Weil er kein Herz hat, kann er sie nicht lieben. Weil er nicht lieben kann, bringt ihm die schöne Lisbeth keine Erfüllung. Ja, er schlägt sie vermeintlich tot. Das will sagen, er löscht nach der Art eines Blaubarts ihre Seele aus. (Wie ein gefühlskalter Mann über Jahre hindurch die Seele seiner wechselnden Lebensgefährtinnen buchstäblich niedermetzeln kann, das habe ich in meinem Buch *Blaubart. Die Befreiung der Weiblichkeit*, Lahnstein 2002, beschrieben.) Peter Munk ist mit seinen törichten Wünschen destruktiv. So zertritt er mit der schönen Lisbeth, die ihn doch liebt, „die schönste und lieblichste Blume im Schwarzwald".

Nach so vielen Irrwegen und Wunschverfehlungen, entdeckt Peter Munk endlich seinen entscheidenden Wunsch: ein wärmeres Herz zu gewinnen. Das ist die Aufgabe von so vielen Männern, die über ihre verbissenen Karrierewünsche alle Gefühle verloren haben und ein „kaltes Herz" in ihrer Brust tragen. Wenn es ein Mann endlich dazu bringt, diesen einzigen Wunsch nach emotionaler Erneuerung zu leben, dann wird er aus dieser „Wunschgewalt" eine seelische Wiedergeburt erleben.

Ich erinnere mich an einen Klienten, nennen wir ihn Alexander, der sich als Steuerberater durch seine Rackerei an den Rand des Grabes brachte, um dann eines Tages aus diesem Albtraum einseitiger Wünsche aufzuwachen. Alexander erzählte mir: „Ich komme aus kleinen Verhältnissen. Ich bin der Einzige in der Familie, der studieren durfte. Mit vierzig habe ich mich als Steuerberater selbstständig gemacht. Ich wollte immer eine repräsentative Villa in gutem bürgerlichen Ambiente, ein Luxusauto und ein Ferienhaus. Dahinter stand der Wunsch, meiner Familie zu zeigen, wozu ich es gebracht hatte. Ich habe das alles geschafft, aber es war eine unmenschliche Fron. Eigentlich hatte ich so gut wie keine Freizeit mehr und sah meine Frau und meine beiden Kinder kaum noch. Natürlich habe ich geraucht und viel getrunken, keinen Sport getrieben und mich fehlernährt. Es kam alles zusammen, bis ein Herzinfarkt mich im Wortsinn auf den Boden warf. Ich hatte noch Glück, es geschah im Wartezimmer meines Internisten, so dass ich sofort Hilfe erfuhr. Das Krankenhaus, die anschließende Reha-Klinik und ein Erholungsurlaub haben mich ein halbes Jahr Zeit gekostet. Aber der Preis war es wert.

Ich begann darüber nachzudenken, was ich eigentlich vom Leben wollte. Die Antwort lag für mich in dieser Frage – *leben* wollte ich, nicht mich zu Tode arbeiten! Mit fünfzig Jahren habe ich mein ganzes Leben umgestellt. Ich nahm einen Kompagnon in mein Büro, reduzierte meine Arbeitszeit um die Hälfte, begann Sport zu treiben, gab Alkohol und Nikotin auf und stellte die Ernährung um. Ich gehe seitdem achtsam mit mir um, wie mit einem Kind. Ich sage immer zu meiner Frau: ‚Ich habe jetzt drei Kinder. Das dritte Kind bin ich.‘"

Was für uns die richtigen Wünsche sind, erkennen wir sehr oft erst dann, wenn die Sonne des Lebens den Zenit bereits überstiegen hat und sich langsam zu neigen beginnt. Nun vermögen wir, das Wesentliche vom Unwesentlichen zu unterscheiden. So geht es auch dem Kohlenpeter. Er hat seine Frau Lisbeth verloren, er ist ganz allein. Der verborgene Segen der Einsamkeit besteht darin, dass sie uns rückhaltlos mit uns selbst konfrontiert: „Wie er nun so ganz allein war, da kamen ihm sonderbare Gedanken; er fürchtete sich vor nichts, denn sein Herz war ja kalt; aber wenn er an den Tod seiner Frau dachte, kam ihm sein eigenes Hinscheiden in den Sinn, und wie belastet er dahinfahren werde". Trauer erfasst ihn – es ist die Trauer um sein ungelebtes Leben.

Nun wünscht er sich das Richtige: die Versöhnung mit sich selbst und einen Neuanfang. „Ach Herr!", seufzt der Kohlenpeter gegenüber dem Schatzhauser, „als ich noch das kalte Steinherz trug, da weinte ich nie, meine Augen waren so trocken, als das Land im Juli; jetzt aber will es mir beinahe das alte Herz zerbrechen, was ich getan! Meine Schuldner habe ich ins Elend gejagt, auf Arme und Kranke die Hunde gehetzt, und Ihr wisst es ja selbst – wie meine Peitsche auf ihre schöne Stirn fiel!".

Da erfüllt ihm der Schatzhauser den ausstehenden dritten Wunsch. Peter Munk gewinnt sein warmes Herz zurück, seine Frau ist erneut an seiner Seite. Er ist Besitzer eines schönen Bauernhauses, „und alles darin war einfach, aber gut und reinlich." Es ist nie zu spät für gute Wünsche und deren Realisierung.

Was gute Wünsche sind, darüber hat Katja Richter ein schönes Gedicht geschrieben:

Was ich jedem von euch wünsche

Ich wünsche dir Augen,
die das Schöne und Wertvolle
um dich herum entdecken
und das, was nicht gut für dich ist
ausblenden können.

Ich wünsche dir Ohren,
die sich an den Klängen der Musik
und an guten Gesprächen erfreuen
und die angstmachende Geräusche
und böse Worte einfach vorüberziehen lassen.

Ich wünsche dir einen Mund,
der bereit ist, zu kontaktieren,
zu kommunizieren aber auch zu schweigen,
und der sich nicht versteckt,
wenn er etwas zu sagen hat.

Ich wünsche dir Hände,
sensibel aber auch robust,
mit denen du anpacken kannst

und die immer offen bleiben,
um geben aber auch empfangen zu können.

Ich wünsche dir Füße,
ausdauernd und standfest,
die dich tragen, wohin du willst
und die nicht verzagen,
wenn ihre Wege und Umwege
steinig, holprig oder unbefestigt sind.

Ich wünsche dir einen Kopf,
klar aufnahmefähig und beseelt,
der die für dich richtigen
Entscheidungen treffen kann
und der immer in Verbindung
mit deinem ganzen Körper steht.

Ich wünsche dir ein Herz,
weise, lebendig und jung,
das Gutes und Böses voneinander trennen kann,
das dir ermöglicht, zu tanzen,
zu singen, zu lachen,
zu weinen, zu toben, zu freuen,
zu hadern, zu fürchten, zu fühlen,
zu trauern, zu vergeben,
zu achten, zu misstrauen,

zu vertrauen und zu lieben
mit deinem ganzen Körper,
deinem Geist und deiner Seele.

Pass auf dich auf!

Das Geld

Für Geld kann man
den Teufel tanzen sehen.

Deutsches Sprichwort

Geld, Geld, Geld! Wie lange braucht doch der Kohlenpeter dazu, den richtigen Wunsch zu äußern und den Schatzhauser zu bitten: „So nehmet mir den toten Stein heraus und gebet mir mein lebendiges Herz." Doch ganz so einfach kommt der verängstigte Egomane nicht davon, denn das „lebendige Herz" muss sich jedermann selbst aneignen. Peter steht gleich vor drei Aufgaben: Er muss sein eigenes Herz gewinnen. Er muss sich über das Wesen des Geldes klar werden. Er muss eine erfüllende Lebensaufgabe finden. Das alles bedeutet Arbeit, Knochenarbeit.

Noch ist unser Jedermann Lichtjahre davon entfernt, diese Entwicklungsaufgaben für sich zu lösen. Er träumt Tag und Nacht vom Geld. So

DER ARBEITER WIRD EINE UMSO WOHLFEILERE
WARE, JE MEHR WAREN ER SCHAFFT
>KARL MARX<

hört er im Traum, wie der Holländer Michel die Stubenfenster aufreißt und mit seinem Riesenarm „einen Beutel voll Goldstücke" hereinreicht, „die er untereinander schüttelte, dass es hell und lieblich klang". Vollends aus dem Häuschen gerät der Kohlenmunkpeter, wenn er die kiloschweren Edelmetalle erblickt, mit denen die „unmenschlich" reich gewordenen Flößer und Händler ihr Vermögen protzig demonstrieren. Peter Munk hat nur noch einen Blick für „die da oben", wie man so treffend sagt. Die Sucht quält ihn.

Mit *Das kalte Herz* hat der politisch sensible Dr. Wilhelm Hauff ein poetisch verkleidetes Lehrstück über die neue verhängnisvolle Macht des Geldes im Prozess der Industrialisierung Deutschlands geschrieben. Der Held Peter muss nämlich, ganz hautnah und durch die Katastrophen seiner Existenz hindurch, das ambivalente Wesen des Geldes erkennen. Daran haben sich bereits größere Geister als er abgearbeitet: unter anderem Aristoteles (384–322), Adam Smith (1723–1790), Karl Marx (1818–1880), Max Weber (1864–1920) und Georg Simmel (1858–1918).

Aristoteles bestimmt in seiner *Nikomachischen Ethik* die Funktion und die Konvention des Geldes so: „Darum muss auch alles, wovon es Tausch gibt, vergleichbar sein. Dazu ist das Geld bestimmt, und es ist sozusagen eine Mitte. Denn es misst alles, also auch das Übermaß und den Mangel, und auch, wie viele Schuhe einem Haus oder Nahrungsmittel äquivalent sind." Und: „So ist auf Grund einer Abmachung das Geld der Vertreter der Bedürfnisse geworden. Darum trägt es auch den Namen Geld, weil es nicht von Natur, sondern durch das Herkommen gilt, und weil es bei uns steht, es zu verändern und wertlos zu machen."

Tiere, Sklaven oder Salz als Tauschmittel zu verwenden, erläutert wiederum Adam Smith, Autor von *Reichtum der Nationen*, ist auf die Dauer unpraktisch. Die Entwicklung der Münzen und später des Papiergeldes als Tausch- und Äquivalenzmittel hat den Menschen nicht nur massive Erleichterung gebracht, sondern den internationalen Handel erst eigentlich möglich gemacht.

Karl Marx, der die Arbeitswertlehre wie kein anderer vor ihm analysierte, erkannte den *Fe-*

tischcharakter des Geldes. Sobald das Geld seine Weltherrschaft durchgesetzt hat, wird jedes Ding, vor allem aber jeder Mensch, nur noch zu dem, was er gilt, welchen Wert er unter den kapitalistischen Produktionsverhältnissen hat. Als „Fetisch" gewinnt das Geld eine pervertierte und pervertierende Macht. Es setzt alle menschlichen Eigenschaften und Fähigkeiten zur *Ware* herab. Die Frage stellt sich nicht mehr, was ein Mensch ist, sondern was er im Verwertungszusammenhang an Profit einbringt. Wie viel bist du wert, heißt nicht mehr, was bist du für eine Persönlichkeit, sondern welchen Gewinn kann ich aus dir als „Ware Arbeitskraft" am Ende des Produktionsprozesses herausschlagen. Der Mensch gerät, modern gesprochen, unter das Gesetz des *shareholder value*. Er muss flexibel, mobil und jung sein. Wer diesen Kriterien nicht mehr entspricht, wird von der Wirtschaft „freigesetzt", das bedeutet in der Regel entsorgt.

Marx erkannte, dass der Fetisch Geld eine zersetzende Dynamik freisetzt und die sozialen Bindungen der Individuen aushebelt. Marx warnte (in *Das Kapital*, Band I): „Als diese verkehrende Macht erscheint es dann auch gegen das Individuum und gegen die gesellschaftlichen Bande, die für sich Wesen zu sein behaupten. Es verwandelt die Treue in Untreue, Liebe in Hass, den Hass in Liebe, die Tugend in Laster, das Laster in Tugend, den Knecht in den Herrn, den Herrn in den Knecht, den Blödsinn in Verstand, den Verstand in Blödsinn. Da das Geld als der existierende und sich betätigende Begriff des Wertes aller Dinge verwechselt, vertauscht, so ist es die allgemeine Verwechslung und Vertauschung aller Dinge, also die verkehrte Welt, die Verwechslung und Vertauschung aller natürlichen und menschlichen Qualitäten."

Das Gesetz der universellen Zirkulation des Geldes trägt nach der Beobachtung des großen Soziologen Max Weber zur Effektivität von kapitalistischem Wirtschaften und rationaler Herrschaft bei (Staatsbudget, Verwaltung, Steuerregulierung). Es erhält andererseits religiöse Züge. In seinem berühmten Werk *Die protestantische Ethik und der Geist des Kapitalismus* (1905), definierte Weber die calvinistische Prädestinationslehre als eine Art Geldreligion: „Wer zu Lebzeiten durch äußerste Askese und Sparsamkeit Geld ansammelt und wirtschaftlichen Erfolg erarbeitet, der ist augenscheinlich auch für den Himmel bestimmt. Der Erwerb von Geld und immer mehr Geld wird zur religiösen Erlösungsperspektive. Die Askese, der Gelderwerb und seine profitable Re-Investition entwickelt sich zum *summum bonum*, dem höchsten Gut der neuen Ethik. Sie löst die mittelalterliche Ethik mit ihrer Passivität und Schicksalsergebenheit ab."

Diese gottesfürchtige, aber harte Erwerbsmoral wendet sich nach Georg Simmel „vor allem gegen eines: das unbefangene Genießen des Daseins und dessen, was es an Freuden zu bieten hat." Das Geld entpersönlicht negativ die Beziehungen unter den Menschen, andererseits macht es das Individuum unabhängiger. Die Frage ist nur, wozu der Mensch diese neue Unabhängigkeit und Ungebundenheit nutz. Simmel formuliert in seiner *Philosophie des Geldes* (1989): „Nun aber war der relativ ganz enge Kreis, von dem der Mensch einer wenig oder gar nicht entwickelten Geldwirtschaft abhängig war, festgelegt. Es waren diese bestimmten, persönlich bekannten, gleichsam unauswechselbaren Menschen, mit denen der altgermanische Bauer oder

der indianische Gentilgenosse, der Angehörige der slavischen oder indischen Hauskommunion und, ja vielfach noch, der mittelalterliche Mensch in Abhängigkeit stand; um je wenigere aufeinander angewiesene Funktionen es sich handelt, umso beharrender und bedeutsamer waren ihre Träger. Von wievielen ‚Lieferanten‘ ist dagegen der geldwirtschaftliche Mensch abhängig! Aber von dem einzelnen, bestimmten derselben ist er unvergleichlich unabhängiger und wechselt leicht und beliebig oft mit ihm."

Simmel warnt vor einer „Tragödie der Natur". In seiner Schrift *Die Bedeutung des Geldes für das Tempo des Lebens"* hebt der Wissenschaftler nicht nur die entpersönlichten Eigenschaften des Geldes hervor, sondern auch seinen antreibenden, zur allgemeinen Hetze führenden Charakter. Die Geldwirtschaft beschleunige das „Tempo des Lebens" und führe zu einem „Übergewicht dessen, was man den objektiven Geist nennen kann, über den subjektiven".

Was der Kohlenpeter in seiner Isolierung als reiner Geldmensch erlebt, das entspricht exakt dem, was in Georg Simmels *Philosophie des*

Geldes als Zeitdiagnose zu lesen ist. Simmel: „Das Geld stellt Handlungen und Verhältnisse des Menschen so außerhalb des Menschen als Subjekt, wie das Seelenleben, soweit es rein intellektuell ist, aus der persönlichen Subjektivität in die Sphäre der Sachlichkeit, die es nun abspiegelt, eintritt." Und: „Für ein Verhältnis zwischen Menschen, das seinem Wesen nach auf Dauer und Wahrheit der verbindenden Kräfte angelegt ist, ist das Geld niemals der adäquate Mittler."

Der Peter Munk erkennt nicht, wie der Holländer Michel zu seinem Geld gekommen ist. Der Geldriese ist nicht einfach tüchtig, sondern rücksichtslos, ja verbrecherisch. Das Kapital geht bei entsprechenden Gewinnerwartungen über Leichen. Es liefert Zyklon B für die Vergasung jüdischer Frauen, Männer und Kinder in Auschwitz und liefert Waffen in den Kongo oder in den Sudan. Hauff rückt die Grausamkeit und Unfruchtbarkeit dieser Geldbildung anschaulich ins Bild, indem er den Holländer Michel die Herzen all dieser faulen Kreditgeber, Spielkönige und Wucherer besitzen lässt. Sie alle haben nicht produktiv gearbeitet, sondern eine Wertübertragung vorgenommen, indem sie sich die durch Arbeit erworbenen Werte der von ihnen Betrogenen aneigneten. In diesem Sinn sprach der Arbeiterphilosoph Wilhelm Weitling (in *Die Menschheit, wie sie ist und wie sie sein sollte*, 1838) von den „steinernen Herzen" dieser Kredithaie und Zinshyänen.

Im schrankenlosen Geldgeschäft wird die Seele verdinglicht. Peter Munks trostloser Spielkumpan Ezechiel hat ein steinernes Herzimplantat. Sein Name ist, worauf Manfred Frank hinweist, sicherlich nicht zufällig gewählt. Der examinierte Theologe Hauff verweist damit auf den biblischen Ezechiel, der da ruft: „Ich werde das steinerne Herz aus eurem Leib herausnehmen und euch ein fleischernes Herz geben."

Peter Munk kehrt am Ende geläutert aus dem Fegefeuer des Geldgeschäfts zurück. Was er erlebt hat, beschreibt Wolfgang Weimer in seiner *Geschichte des Geldes* (Frankfurt/Main 1994) so: „Nichts bringt die Menschen schneller um den Verstand als die Liebe und das Geld. Geld ist etwas Hochabstraktes und Knallkonkretes zugleich, unveränderlich und laufend anders, ein Maßstab und doch gleichzeitig messbar.

Geld hat die Aura des Magisch-Mythischen und zugleich etwas Platt-Profanes, es wird mit aller Inbrunst verteufelt und voller Leiden vergötzt, es ist ungeheuer praktisch und doch hochkompliziert. Geld verkleidet sich als Sache, als Funktion, als Instrument, als Vorstellung, als (Rechts)Anspruch, als Mittel oder gar als Symbol – es bleibt ein kniffliges Paradoxon. Volkswirte nennen es Zahlungsmittel, Historiker einen Spiegel der Zeiten, Soziologen ein Mittel sozialer Differenzierung, für Moraltheologen ist es die Inkarnation des Diesseitigen, für Juristen ein Rechtsanspruch, für Ethnologen ein Kultobjekt, für Merkantile das Blut des Handelns, für Futurologen ein Motor der Evolution, für Literaten eine Chiffre der Habgier."

Gleichsam schwer atmend und knapp am sozialen Tod vorbei entflieht Peter Munk am Ende doch noch dem Götzendienst. Jetzt lernt er, mit Geld human und segensreich umzugehen. Er ist, am Schlusspunkt seiner Odyssee angelangt, nunmehr „zufrieden mit dem, was er hatte, trieb sein Handwerk unverdrossen, und so kam es, dass er durch eigene Kraft wohlhabend wurde und angesehen und beliebt im ganzen Walde."

Durch eigene Kraft – das ist es. Redliche Arbeit und nicht das Starren auf den Lottogewinn, den Aktienboom und wundersame Geldvermehrung, ist die wahre Schatzsuche. Goethe hat das in seinem Gedicht *Der Schatzgräber* meisterlich auf den Punkt gebracht:

Arm am Beutel, krank am Herzen,
schleppt' ich meine langen Tage.
Armut ist die größte Plage,
Reichtum ist das höchste Gut!
Und, zu enden meine Schmerzen,
ging ich, einen Schatz zu graben.
„Meine Seele sollst du haben!"
schrieb ich hin mit eignem Blut.

Und so zog ich Kreis' um Kreise,
stellte wunderbare Flammen,
Kraut und Knochenwerk zusammen;
die Beschwörung war vollbracht.
Und auf die gelernte Weise
grub ich nach dem alten Schatze
auf dem angezeigten Platze;
schwarz und stürmisch war die Nacht.

Und ich sah ein Licht von weitem,
und es kam gleich einem Sterne
hinten aus der fernsten Ferne,
eben als es zwölfe schlug.
Und da galt kein Vorbereiten;
Heller ward's mit einem Male
von dem Glanz der vollen Schale,
die ein schöner Knabe trug.

Holde Augen sah ich blinken
unter dichtem Blumenkranze;
in des Trankes Himmelsglanze
trat er in den Kreis herein.
Und er hieß mich freundlich trinken;
und ich dacht': es kann der Knabe
mit der schönen, lichten Gabe
wahrlich nicht der Böse sein.

„Trinke Mut des reinen Lebens!
Dann verstehst du die Belehrung,
kommst mit ängstlicher Beschwörung
nicht zurück an diesen Ort.
Grabe hier nicht mehr vergebens!
Tages Arbeit, abends Gäste!
Saure Wochen, frohe Feste!
sei dein künftig Zauberwort!"

Die Sucht

*Betrüge dich nicht selbst, fürchte dich
vor allen Betrügern, am meisten vor dir
selbst.*

Sören Kierkegaard
Der Augenblick (1850)

Peter zeigt, wie viele Männer, ein Sucht-
verhalten. Er ist, wie ebenfalls viele Männer,
ein *Polytoxikomane*, ein *Mehrfachsüchtiger*. Er
ist geldsüchtig, spielsüchtig, tanzsüchtig und
wohl auch ein neurotisch Geltungssüchtiger.
Was den Alkohol angeht, so bewegt sich der ha-
bituelle Wirtschaftsbesucher zumindest in einer
Grauzone des Alkoholmissbrauchs. Alkohol ist
ein Genussmittel für besondere Angelegenhei-
ten, keine Droge, mit der man(n) sich Tag für
Tag zuschüttet. Man könnte sich auch vorstel-
len, dass er dabei ununterbrochen Pfeife raucht
und somit zusätzlich dem Nikotin verfallen ist.
Peter Munk ist eine Suchtpersönlichkeit.

IN DER SUCHT IST DER MENSCH
NICHT GERN ALLEINE...

Alle reden von der Sucht, aber keiner will süchtig sein. Mit der Sucht verbinden wir Männer eher das abschreckende Bild des Berbers im Stadtpark mit einer Zwei-Liter-Flasche Rotwein. Das ist grottenfalsch. Sucht ist ein ubiquitäres, also überall auftretendes Phänomen. Drei Beispiele mögen genügen: Man schätzt die Zahl der Raucher in der Bundesrepublik auf rund zwanzig Millionen! Diese Sucht ist also keine marginale Größe einiger weniger, sondern ein Massenphänomen.

Das Magazin DER SPIEGEL registrierte in einer Titelgeschichte unter dem Titel „Rauchen: Das Ende der Toleranz" (24/2006) den allanhaltenden Widerstand der Deutschen und ihrer Regierung gegen die Einschränkung ihrer „Nikotinfreiheit". Das Magazin: „Deutschland wird zur Insel. Hier allein sind noch die Litfasssäulen voller Zigarettenwerbung, die Straßen voller Zigarettenautomaten, die Kneipentische voller Aschenbecher – die Menschen voller Arglosigkeit angesichts einer Suchtdroge, die allein in diesem Land jedes Jahr bis zu hundertvierzigtausend Menschen tötet, weit mehr als Alkohol, Aids, Heroin und Straßenverkehr zusammen.

Das Einstiegsalter in die Zigarettensucht ist stetig gesunken – auf jetzt nur noch 11,6 Jahre. Nur jeder zweite erwachsene Raucher kommt davon jemals wieder los. Nichtrauchen ist besonders schwer in einem Land, das Rauchen so leicht macht." Laut Statistik der Weltgesundheitsorganisation (WHO) sterben jährlich in den Industrieländern 1,5 Millionen Männer – gegenüber fünfhunderttausend Frauen – an den Folgen ihres Tabakkonsums.

Beim Konsum von Bier, Schnäpsen und Wein und den bei Jugendlichen so beliebten Alcopops schätzen wir, nach Angaben des Deutschen Suchtverbandes, die Zahl der definitiv Alkoholkranken auf 1,7 Millionen, den Umfang der Alkoholgefährdeten auf etwa fünf Millionen. Jährlich sterben als direkte Folge ihres Alkoholmissbrauchs, über vierzigtausend Menschen in der Bundesrepublik.

Drittens ist da schließlich noch die hohe, nicht präzise zu schätzende Zahl der Essgestörten. Wir wissen nur, jeder zweite Deutsche leidet an Übergewicht. Das ist natürlich in erster Linie durch die jahrzehntelange denaturierte Zivilisa-

tionskost, den Fabrikzucker, die Auszugsmehl-
produkte, die fabrikatorischen Fette und die
Mast durch tierisches Eiweiß verursacht (wir essen heute etwa zehn Mal so viel Fleisch wie unsere Vorfahren um 1900). Aber bei vielen adi-
pösen Menschen steckt hinter der Fehlernährung
zusätzlich das suchtmäßige Unvermögen, beim
Essen Nein sagen zu können. Statistisch genau
wissen wir wiederum, dass in allen Altersgrup-
pen die Zahl dicker Männer höher ist als die der
übergewichtigen Frauen.

Sucht ist immer eine Ersatzhandlung. Hinter
der Sucht steckt die Sehnsucht. Die Sehnsucht
nach echter Anerkennung, Liebe und Sinn-
erfüllung. Es ist wohl kein Zufall, dass der
Kohlenpeter so lange Junggeselle bleibt, keine
Frau hat und keine Freunde. Er ist im Grunde
ein einsamer Steppenwolf. Der Süchtige ist ein
Emigrant des eigenen Herzens. Er hat keine
Heimat in sich. Er klammert sich an Ersatzstoffe
oder Ersatzhandlungen. Das wird in Hauffs
Märchen deutlich, wenn Peter anfangs nur am
Wochenende, dann mehrfach in der Woche,
schließlich täglich das Wirtshaus aufsucht. Wer
möchte schon im Wirtshaus leben! Er hat kei-

nen Platz im Leben gefunden, sondern treibt sich herum.

Sucht ist Unruhe, Verdrängung, der Versuch, die klagende Stimme des inneren Kindes zu überdröhnen, zu betäuben. Der reiche Kohlenpetermunk vertrödelt seine Zeit im Wirtshaus. Er schlägt die Zeit dort tot. Die „Maßkanne" voller Wein kreist. Es wird gesoffen, was die Gurgeln halten. Man „knöchelt" um Kronentaler. Schlimmer geht es nicht. Die Knöchelchen assoziieren den Tod.

Peter tanzt wie ein Verrückter und wirft mit den „Sechsbätznern", nur so um sich, „da war des Staunens kein Ende". Er hungert nach Anerkennung und dem Neid der Zuschauer: „Alle verehrten ihn jetzt und hielten ihn für einen gemachten Mann, nur weil er Geld hatte. Verspielte er doch noch an demselben Abend zwanzig Gulden, und nichts desto minder rasselte und klang es in seiner Tasche, wie wenn noch hundert Taler darin wären." Die Sucht ist ohne Ende. Peter, der jetzt den Namen „Tanzkaiser" führt, braucht immer größere Dosen zu seiner Befriedigung. Wenn die eine Sucht nicht reicht, dann wird eine andere hinzugenommen, so wie Alkoholkranke überwiegend auch Nikotinsüchtige sind. Da heißt es: „Die unternehmendsten Spieler am Sonntag wagten nicht so viel wie er, aber sie verloren auch nicht so viel… Nach und nach brachte er es aber im Schlemmen und Spielen weiter als die schlechtesten Gesellen im Schwarzwald, und man nannte ihn öfter Spielpeter als Tanzkaiser, denn er spielte jetzt auch beinahe an allen Werktagen. Darüber kam aber seine Glashütte nach und nach in Verfall, und daran war sein Unverstand schuld."

Männer favorisieren die harten Süchte wie Alkohol, Spielsucht und Nikotin. Gerade die Alkoholsucht und die nichtbehandelte Spielsucht führen in vielen Fällen zum finanziellen Zusammenbruch. Heute wäre für Peter Munk der Besuch der Selbsthilfegruppen *Anonyme Alkoholiker (AA)* und der *Gambler anonymous*, der Spielsüchtigen, das Mittel der Wahl. (In meinem Buch *Seele, Sucht, Sehnsucht* (emu Verlag, Lahnstein 1999) habe ich den gesamten Suchtkomplex und die Adressen der unterschiedlichen Selbsterfahrungsgruppen veröffentlicht.) Doch Peter denkt nicht daran, seine Sucht anzugehen.

Er nimmt sie, wie die meisten Süchtigen, überhaupt nicht als Sucht wahr. Als es mit der Glashütte und damit mit seinem Latein zu Ende ist, beschließt er den Teufelspakt mit dem Holländer Michel und entwickelt prompt eine neue Sucht – die Reisesucht.

Wie ein Gehetzter fährt der Kohlenpeter mit leeren Augen und noch leererem Herzen durch Europa. Er flieht vor der Wahrheit und vor sich selbst. Er ist zwar, was die Spielsucht und den Alkholmissbrauch angeht, *trocken*, das heißt man hört nichts mehr von diesen alten Exzessen, aber *nüchtern* ist er nicht. Nüchtern heißt im Sinne des Zwölf-Schritte-Programms der Anonymen Alkoholiker, zu kapitulieren, die Sucht sich einzugestehen und vor anderen zu bekennen. Es bedeutet, sich Hilfe zu holen, Inventur zu machen, die Sucht und ihre Gründe zu begreifen, und jeden Tag einen Neuanfang zu wagen, ohne die Droge, ohne die Lügen der Vergangenheit. Dass Peter Munk noch lange nicht nüchtern ist, sondern die Sucht weiter in sich trägt, verrät auch der Umstand, dass er bis kurz vor Ende des Märchens geldsüchtig bleibt, Wucher betreibt und die armen Leute ausplündert.

Folgerichtig endet sein Verhalten im absoluten Zusammenbruch, dem vermeintlichen Totschlag der schönen Lisbeth. Wer das Geld mehr liebt als die Menschen, wird die Menschen verlieren.

Peter Munk ist ein typischer Mann. Er treibt es mit seinem Kartenspielen, Saufen und Verdrängen bis zum bitteren Ende. Ein Mann fühlt sich meist umso männlicher, je mehr Alkohol er verträgt, je exzessiver er lebt, je mehr er seine Gefühle unterdrückt, je weniger er andere um Hilfe bittet und je weniger er auf seinen Körper achtet. Das Ergebnis ist fatal: Der Mann stirbt statistisch sechs Jahre früher als die Frau, er begeht drei Mal so häufig Selbsttötung und endet doppelt so häufig mit Leberzirrhose und Lungenkrebs. Er lebt ungesund. Er bevölkert mehrheitlich die Gefängnisse und Entzugskliniken. Männer verursachen mehr als Frauen tödliche Verkehrsunfälle, meist unter Alkohol. Er ist führend bei Sexualdelikten an Kindern und Frauen und bevölkert vom Schulhof bis zur Erwachsenengewalttätigkeit die Kriminalstatistiken. Der Züricher Psychiatrieprofessor Jules Angst bezeichnet die Männer dennoch als das „verletzliche Geschlecht". Warum das?

In einer Langzeituntersuchung wählte der Wissenschaftler mit seinen Mitarbeitern nach dem Zufallsprinzip sechshundert Züricher Zwanzigjährige aus. Seit 1979 geben ihm diese Probanden in Interviews regelmäßig Auskunft über ihre Lebenssituation, psychosomatische und psychische Beschwerden sowie ihr Sexualleben. In der Altersgruppe von zwanzig bis vierzig Jahren ermittelte Jules Angst folgende Unterschiede zwischen Frauen und Männern: „Bei Depressionen, Angststörungen, Panikattacken oder Phobien sind die Frauen überproportional oft vertreten. Bei Suchtkrankheiten sind dagegen die Männer eindeutig überrepräsentiert. Alkohol oder Drogen tauchen bei Männern drei Mal häufiger auf als bei Frauen. Und auch die Persönlichkeitsstörungen und sozialen Störungen, die sich häufig in Gewalttätigkeit äußern, sind eindeutig ein Männerproblem."

Männer unterscheiden sich auch in den Formen des Suizids von Frauen. Frauen schlucken Tabletten, Männer erschießen sich, stürzen sich aus dem Fenster oder erhängen sich. Jules Angst: „Darin zeigt sich die größere Zerstörungsbereitschaft des Mannes auch gegen sich selbst. Um sich umzubringen, braucht man eine gewisse Aggression… Aggressive Männer verursachen auch eher schwere Verkehrsunfälle. Ich habe viele Motorradfahrer gesehen, die hatten Oberschenkelfrakturen, Nervenschädigungen, drei, vier, fünf Gehirnerschütterungen und hatten immer noch nicht genug. Das sind typische selbstschädigende Tendenzen beim Mann. Und sehr viele Selbstmörder, das kann jeder Gerichtsmediziner sagen, haben Alkohol im Blut. Würden sie in der Ausnüchterungszelle landen, statt auf dem Hochhausdach – manche hätten sicher noch ein langes Leben vor sich."

Mit der Sucht vermeiden wir Männer es – ich habe das selbst an mir erlebt –, der Wahrheit ins Auge zu schauen, uns zu öffnen, das Herz weich zu machen und unser Leben zu ändern. Mit der Sucht kann man zwar die Probleme kurzzeitig wegschieben, aber nicht ursächlich beseitigen. Besonders der Alkohol verschärft die Konfliktlage noch. Denn die Sorgen, so sagte der Schauspieler Heinz Rühmann einmal, „kann man nicht ertränken, sie können schwimmen".

Jules Angst formuliert genau das, was unser Peter Munk nicht begreifen will: „Alkohol wird von Männern außerordentlich häufig konsumiert, um mit Stress oder Angst fertig zu werden. Schätzungsweise hinter jedem dritten Alkoholiker verbirgt sich ein depressiver Mann. Der Wunsch, nichts mehr spüren zu müssen, sich zu betäuben, erhöht die Suchtbereitschaft. Aber Alkoholkonsum wird auch in den Männerbünden erlernt. Dort geht es darum zu zeigen, dass man schmerztolerant ist und sein Leiden nicht offenbart. Stattdessen machen die ihre Initiationsriten, suchen Kompensation, zum Beispiel im Sport, und dann gehen sie noch ins Wirtshaus und trinken mit den Kameraden… Männer haben eine stärkere Tendenz zum Verdrängen."

Was bleibt da noch übrig vom starken Mann? „Welch Glück sondergleichen, ein Mannsbild zu sein", seufzte Goethes Klärchen im *Egmont*. Von wegen. Das falsche Mannsein wirkt sich für Männer immer stärker zum Hemmschuh aus. Warum denken Männer nicht darüber nach, dass dreiundsechzig Prozent aller Scheidungen von Frauen beantragt werden, die, wie eine Klientin zu mir sagte, die Nase voll haben vom „männlichen Gefrierfleisch"?

Der Psychiater Angst spricht von einer Ambivalenz des Mannes, vom negativen und positiven Teil seiner aggressiven Lebensbereitschaft. Angst: „Das männliche Geschlecht ist das Verletzliche. Zwar sind die Gehirne der Männer größer als die der Frauen, aber…das ist ein Relikt der Evolution. Es dient lediglich dazu, die größere Muskelmasse zu bewegen. Die Männer haben eine höhere Sterblichkeit und höhere Unfallgefährdung durch ihre Risikobereitschaft. Aber ihre Aggression hat schließlich auch positive Seiten: Man wagt etwas, begibt sich auf Neuland, geht auf Entdeckungen und Eroberungen. In der Stammesgeschichte der Menschheit hat das eine große Rolle gespielt."

Das Letztere ist wahr. In Peter Munk steckt auch eine positive Aggression im Sinne des lateinischen Wortes *adgredior, ich gehe energisch auf etwas zu*. Was immer man ihm an törichten Wünschen, Irrwegen und Unbelehrbarkeit vorwerfen mag, eines kann man ihm nicht vorhalten – Passivität. Auch wenn er lange falsch handelt und in den falschen Richtungen aufbricht, so gibt er sich doch mit seiner Lage nicht zufrieden. Er gibt nicht auf. Er lüftet immer wieder seinen Hintern und sucht nach Auswegen. Auf ihn mag, wenn das hohe Wort aus dem *Faust II* in diesem märchenhaften Kontext angewandt werden darf, Goethes Spruch zutreffen: „Wer immer strebend sich bemüht, den können wir erlösen." Hier finden wir die gute, hochenergetische Qualität vieler Männer. Das sei nicht unterschlagen.

Aber ein Männerherz ist keine Uhr, kein mechanisches Werk. Genau das scheinen aber die meisten zu glauben. Sie gehen zum Arzt mit den Worten: „Herr Doktor, mit meiner Pumpe ist etwas nicht in Ordnung. Können Sie sie einmal durchchecken?"

So einfach macht es sich auch der süchtige Peter Munk. „Gut, Michel", meint er, „gebt mir den Stein und das Geld, und die Unruh' könnet ihr aus dem Gehäuse nehmen." Erst wenn der Süchtige absolut nicht mehr weiter weiß, und ihm die – meist co-abhängige – Umgebung jede weitere Unterstützung verweigert, kann sein Erwachen und die Nüchternheit beginnen. Erst als die co-abhängige Lisbeth seinen süchtigen Lebenswandel nicht mehr tolerieren kann, muss er sich ändern.

Diese kritische Phase symbolisieren beim Kohlenpeter genau die acht Tage, die ihm der Schatzhauser einräumt. Damit stellt Hauff die Dramatik der Entscheidung dar, die sich auf wenige Tage zusammenzieht. Es geht um Tod oder Leben, um Erstarrung oder Wiedergeburt der Seele. Peter Munk besteht die Prüfung.

Ist sein Leben geheilt, braucht er die Sucht nicht mehr, und die Sucht braucht ihn nicht mehr. Er beginnt seinen Weg aus der männlichen Entfremdung heraus in das wahre Sein.

Die Entfremdung

*Ich glaube an die Vervollkommnungs-
fähigkeit des Menschen. Darunter
verstehe ich, dass der Mensch sein Ziel
erreichen k a n n, es aber nicht erreichen m u s s. Wenn jemand nicht das
Leben wählen will und deshalb nicht
weiter wächst, wird er unausweichlich
destruktiv, ein lebender Leichnam. Das
Böse und der Verlust des Selbst sind
ebenso wirklich wie das Gute und die
Lebendigkeit. Sie sind die sekundären
Möglichkeiten des Menschen, wenn er
sich nicht für seine primären Möglichkeiten entscheidet.*

Erich Fromm
Jenseits der Illusionen.
Die Bedeutung von Marx und Freud
(1962)

ES WAR SCHON ABEND, ALS EINIGE MÄNNER
DEN REICHEN PETER MUNK AN DER ERDE
LIEGEN SAHEN. SIE WANDTEN IHN HIN UND
HER UND SUCHTEN, OB NOCH ATEM IN IHM SEI...

Peter Munk bleibt lange im Zustand der Entfremdung. Sein junges Erwachsensein vergeudet er nicht nur mit Spielen, Tanzen und Saufen, sondern vor allem mit der Jagd auf den Reichtum. Er identifiziert seinen privaten Fortschritt mit der Kraft zur Konsumption. Das ist eminent modern. Wir sind heute eine Konsum- und Spaßgesellschaft. Unser Gott ist der Konsum, unser Erlösungsglaube ist die Hoffnung nach immer besseren Waren und Vermehrung des Wachstums. Jetzt haben, später zahlen, heißt die Maxime. Solange Autos, Handys, Computer und Fernsehapparate immer besser werden und wir sie auf Kredit bekommen, brauchen wir nicht darüber nachzudenken, was unser Leben wirklich ausmacht. *Consumo ergo sum, ich verbrauche, also bin ich*. lautet der Gottesbeweis unserer Existenz. Ist es nicht die neue Barbarei?

Erich Fromm hat in seinem Werk *Haben oder Sein* (1979) das Unbehagen in und an der totalen Konsumgesellschaft mit schneidenden Worten formuliert. Es ist die Welt des Holländer Michel. Fromm: „Von der Ersetzung der menschlichen und tierischen Körperkraft durch mechanische und später nukleare Energie bis zur Ablösung des menschlichen Verstandes durch den Computer bestärkte uns der industrielle Fortschritt in dem Glauben, auf dem Wege zu unbegrenzter Produktion und damit auch zu unbegrenztem Konsum zu sein, durch die Technik allmächtig und durch die Wissenschaft allwissend zu werden. Wir waren im Begriff, Götter zu werden, mächtige Wesen, die eine zweite Welt erschaffen konnten, wobei uns die Natur nur die Bausteine für unsere neue Schöpfung zu liefern brauchte." Und: „Unser Eroberungsdrang und unsere Feindseligkeit haben uns blind gemacht für die Tatsache, dass die Naturschätze begrenzt sind und eines Tages zur Neige gehen können und dass sich die Natur gegen die Raubgier des Menschen zur Wehr setzen wird."

Peter Munk ist ein Vorläufer der Moderne inmitten der industriellen Geburtswehen. Seine Haben-Orientierung ist bereits charakteristisch für den Menschen der westlichen Industriegesellschaft, welchem die Gier nach Geld, Ruhm und Macht zum beherrschenden Thema wird. Fromm: „In der Existenzweise des Habens ist die Beziehung zur Welt die des Besitzergreifens und Besitzens, eine Beziehung, in der ich jedermann und alles, mich selbst miteingeschlossen, zu meinem Besitz machen will."

Peter Munk und seinesgleichen sind die männlichen Ideologen und Produzenten der heutigen Überflussgesellschaft mit ihrem Zwang, immer mehr zu konsumieren. Denn das Konsumieren hat Suchtcharakter. Es droht permanent, mich nicht mehr zu befriedigen, muss durch immer stärkere Dosen „getoppt" werden. Wir folgen der Formel: „Ich bin, was ich habe und was ich konsumiere." Unsere Kleiderschränke platzen. Der Bestand unserer Schuhe erhöht sich jährlich, die Keller quellen über, die Regale ächzen. Über wie viele Hemden, T-Shirts und Blusen verfügen wir, über wie viele ungesehene DVDs und nicht abgehörte CDs? Materielle Güter schaffen jedoch nur Pseudobefriedigung und keine seelische Sättigung. Als bloßer Konsument habe ich nur ein leeres Selbst. Die ungeheure Last des Überflüssigen erdrückt mich schier. Wir kaufen uns zu Tode. Als Habenmensch besitze ich, wie Fromm sagt, keine Sicherheit, sondern nur Dinge. Ein gescheiter und erfolgreicher Klient, ein Millionär, meinte einmal zu mir: „Wenn mir alle meine Besitztümer genommen werden, meine Häuser, meine Autos, meine Golfausstattung und meine Jagdgewehre, was bleibt dann noch von mir übrig?"

Fromm schildert das Peter-Munk-Syndrom so: „In der Existenzweise des Habens gibt es keine lebendige Beziehung zwischen mir und dem, was ich habe. Es und ich sind Dinge geworden, und ich habe es, weil ich die Möglichkeit habe, es mir anzueignen. Aber es besteht auch die umgekehrte Beziehung: Es hat mich, da mein Identitätsgefühl beziehungsweise meine psychische Gesundheit davon abhängt, es und so viele Dinge wie möglich zu haben. Die Existenzweise des Habens wird nicht durch einen lebendigen, produktiven Prozess zwischen Subjekt und Objekt hergestellt. Sie macht Subjekt und Objekt zu Dingen. Die Beziehung ist tot, nicht lebendig. In der Existenzweise des Habens findet der Mensch sein Glück in der Überlegenheit gegenüber den anderen, in seinem Machtbewusstsein und in letzter Konsequenz in seiner Fähigkeit, zu erobern, zu rauben und zu töten."

Zu entwickeln wäre die Idee des *Seins*. Peter Munk findet sie am Ende. Sie bedeutet nach Fromm „Lebendigkeit und authentische Bezogenheit zur Welt... Die wahre Natur, die wahre Wirklichkeit einer Person, im Gegensatz zu trügerischem Schein... In der Existenzweise des Seins liegt... Lieben, Teilen, Geben." Und: „Während sich der Habenmensch auf das verlässt, was er hat, vertraut der ‚Seinsmensch' auf die Tatsache, dass er ist, dass er lebendig ist und dass etwas Neues entstehen wird, wenn er nur den Mut hat, loszulassen und zu antworten."

Peter Munk erlebt selbst die Liebe zur schönen Lisbeth zunächst in der Weise des Habens. Er versucht das Objekt seiner Begierde einzuschränken, gefangen zu nehmen, zu kontrollieren. Er entwürdigt die Liebe. Er lähmt und erstickt sie, ja er tötet sie, anstatt sie zu beleben. Fromm: „Leben ist ein produktives Tätigsein, es impliziert, für jemanden (oder etwas) zu sorgen, ihn zu kennen, auf ihn einzugehen, ihn zu bestätigen, sich an ihm zu erfreuen – sei es ein Mensch, ein Baum, ein Bild, eine Idee. Es bedeutet, ihn (sie, es) zum Leben zu erwecken, seine (ihre)

Lebendigkeit zu steigern. Es ist ein Prozess, der einen erneuert und wachsen lässt."

Wer bin ich, wenn ich bin, was ich habe, und dann verliere, was ich habe? So fragt Erich Fromm und antwortet mit einem Psychogramm, das in allen Zügen dem des Peter Munk gleicht: „Nichts als ein besiegter, gebrochener, erbarmenswerter Mensch, Zeugnisse einer falschen Lebensweise. Weil ich verlieren kann, was ich habe, mache ich mir natürlich ständig Sorgen, dass ich verlieren werde, was ich habe. Ich fürchte mich vor Dieben, vor wirtschaftlichen Veränderungen, vor Revolutionen, vor Krankheit, vor dem Tod, und ich habe Angst zu lieben, Angst vor der Freiheit, vor dem Wachsen, vor der Veränderung, vor dem Unbekannten. So lebe ich in ständiger Sorge und leide an chronischer Hypochondrie, nicht nur in Bezug auf Krankheiten, sondern hinsichtlich jeglichen Verlustes, der mich treffen könnte; ich werde defensiv, hart, misstrauisch, einsam, von dem Bedürfnis getrieben, mehr zu haben."

Peter Munk bleibt durch sein Haben-Sein auch im Intimbereich bei aller Geschäftigkeit im

Sumpf des Entwicklungsstaus stecken. Aus der Lebenszyklusforschung des Psychologen Erik Erikson (*Identität und Lebenszyklus*, 1959) wissen wir, dass die Blüte des mittleren Erwachsenseins durch den Gegensatz von *Generativität versus Stagnation* gekennzeichnet ist. Was heißt das?

Während dieser Jahre, etwa zwischen dem dreißigsten und dem fünfzigsten Lebensjahr, will lebensgeschichtlich die Zeugungsfähigkeit genutzt sein, andernfalls droht die „Unfruchtbarkeit". Natürlich muss Fruchtbarkeit nicht unbedingt die biologische Vaterschaft (oder Mutterschaft) bedeuten, sie kann auch die verschwenderische Werkhingabe, der Bau eines Hauses und soziales Engagement beinhalten. Aber in einem gewissen Sinn müssen wir alle Väter und Mütter des Lebens werden, Neues entwickeln, Markierungen setzen, Welt gestalten. Das misslingt dem Peter-Munk-Typus. Dieser Phänotyp der Lebensverweigerung brutzelt nur vor sich hin, verliert sich im Konsum, flüchtigen Beziehungen, flachen Hobbys. Er versäumt es, ein Lebensgebäude zu errichten, das zwar nicht unsterblich ist, aber geistige Spuren hinterlässt. Ein Mensch ohne diese Spuren ist wie ein schattenloses Gespenst.

Am sinnfälligsten drückt sich dieses Symptom der Lebensverweigerung in Peter Munks Frauen- und Kinderlosigkeit aus. Er ist nicht bindungs- fähig und in einem tieferen Sinn – nicht biolo- gisch – auch nicht zeugungsfähig. Das ist ein eminent moderner Notstand. Man spricht heute vom „Zeugungsstreik" gerade der Mittelstands- männer. Sandra Kegel schreibt unter dem Titel *Der verunsicherte Mann* in der Frankfurter Allgemeine Zeitung (22.04.2006) über diese „einsame-Wolf-Nummer" des zeitgenössischen Mannes. Der moderne Mann setzt die Selbstver- wirklichung vor die Annahme eines Kindes: Cabrio statt Kinderwagen. Was nützen alle bes- seren Betreuungsmöglichkeiten und das neue Kindergeld für Männer, die sich für zwei (!) Kin- dermonate zur Verfügung stellen, gegen deren „latente Verwirrung bis Indifferenz". Sandra Kegel spricht von „bisweilen tragikomischen Ef- fekten, wie etwa viel zu teuren Autos oder Aben- teuerreisen zum Südpol. Weil Männer…einfach ratlos sind, was Mannsein bedeutet, und daher auch nicht wissen, was Vatersein sein soll."

Während Frauen Monat für Monat an die Möglichkeit einer Schwangerschaft erinnert werden und die biologische Zeituhr für sie tickt, existiert bei Männern keine Grenze zwischen dem Zustand des potenziellen Vaters und dem des Mannes ohne Kind. Er kann es hinauszögern *ad ultimum*. Sandra Kegel: „Frauen über dreißig hingegen kommen auf dem Beziehungsmarkt ganz schlecht an, weil sie, wie es ein spätpubertierender Vierzigjähriger einmal formulierte, diesen ‚Ich-will-ein-Kind-Blick‘ haben."

Die Ehe setzt keine Kinder mehr voraus. Durch die Möglichkeit der Empfängnisverhütung werden Männer durch kein biologisches Gesetz mehr in die Vaterschaft gezwungen. Umso zögerlicher werden die Peter-Munk-Männer. Hinzu kommt, so Sandra Kegel, „dass die Hälfte der ledigen Alleinerziehenden von ihrem Partner während ihrer Schwangerschaft verlassen wurden – der latenten Unentschiedenheit folgt also oft der überstürzte Rückzug." Fazit: Für das Phänomen des überforderten Mannes, dem es nicht mehr gelingt, sich aus eigener Kraft festzulegen, hat man den Begriff *Hugh-Grant-*

Komplex kreiert. Tatsächlich versteht sich der britische Schauspieler, dieser Bub jenseits der Vierzig, wie kein anderer im Film und im wirklichen Leben, auf die ‚Grundsätzlich sage ich nicht Nein'-Diplomatie. Was sich darin manifestiert, eine trotzig zur Schau gestellte Kindsköpfigkeit, eine Unsicherheit sich selbst und dem Leben gegenüber, wurde durch Hugh Grant geradezu salonfähig" (Sandra Kegel).

Männer riskieren mit ihrer Lebenszögerlichkeit, ihrer Flucht in Arbeitssucht und Karriere und mit ihren übrigen Entlastungssüchten ihr eigentliches Leben. Wenn sie das warme Herz ihrer Gefühle und kindlichen Sehnsüchte durch ein „kaltes Herz" ersetzen, geraten sie in Lebensgefahr. Mancher Herzinfarkt ist in Wahrheit ein Seeleninfarkt.

Aber auch aus einem Peter Munk kann, wie das Märchen zeigt, ein liebesfähiger Mann werden, der nicht länger in Anstrengung und mörderischer Konkurrenz steht, nicht länger gefühllos, starr und schweigsam bleibt und Frauen unterdrückt. Er wird ein leidensfähiger, jungenhafter, lebenslustiger Mann, der Trauer empfinden, Sinnlichkeit entfalten kann und beziehungsfähig wird. Am Ende hält er einen „schönen Knaben" in den Armen und wird ihm ein stolzer und zärtlicher Vater. Er hat die männliche Entfremdung aus eigenen Kräften aufgehoben. Jetzt würde ihm wohl dieses Lied von Bettina Wegener gefallen, wenn sie singt:

Cool sein

„Cool" ist eins der Lieblingsworte
Gut getarnt scheint halb gewonnen
Eisgesicht aus der Retorte
Produktion hat schon begonnen

Wenn man weint, ist man kein Mann
Kummer darf nie offen sein
Weil nicht sein darf, was nicht kann
Also heule stets allein

Lächerlich will ich mich machen
Dass die Leute endlich merken
Nur wer weint, kann wirklich lachen
Nur wer schwach ist, hat auch Stärken

Nur, wer seine Trauer zeigt
Wut und Angst und Liebe auch
Wer sein Fühlen nicht verschweigt
Kriegt dafür auch, was er braucht

Das warme Herz

Geh deinen Wunden nicht aus dem Weg. Sie gehören zu deinem Weg. Setze dich ein mit allem, was dir zur Verfügung steht. Dann wirst du Lust haben an deinem Mannsein. Dann wirst du als Mann fähig zu einer Liebe, die Leben weckt, zu einer Liebe, die voller Leidenschaft ist und dich und den geliebten Menschen verzaubert. Und du wirst erkennen, dass es sich lohnt, sich auf den Weg des Mannwerdens zu machen …

Anselm Grün
Kämpfen und Lieben.
Wie Männer zu sich selbst finden

Peter Munks Aufgabe steht bis heute auf der Agenda der Männer. Zu Beginn des 21. Jahrhunderts ist uns Männern, die wir mit unserer kalten Rationalität unseren schönen blauen Planeten ökologisch verhunzen und militärisch bedrohen, stärker denn je aufgegeben, unsere

ES IST BESSER, ZUFRIEDEN ZU SEIN
MIT WENIGEM, ALS GOLD UND
GÜTER HABEN UND EIN KALTES HERZ

Aggression zu reflektieren, unsere verborgenen Ängste wahrzunehmen und Kontakt zu unseren Gefühlen zu finden. Solange dieser Ruf zur männlichen Umkehr allein von den Frauen kommt, ist er zum Scheitern verurteilt. Als Männer können wir uns nur selbst retten. Das Patriarchat und den zerstörerischen Globalismus müssen wir überwinden – freilich mit Hilfe der Frauen und einer ebenbürtigen Geschlechter-demokratie. Aber wie ändert sich so ein stein-harter Charakter mit kaltem Herz? In seinem Werk *Psychologische Typen* (1921) gibt C. G. Jung die Antwort. Er sagt: „Der menschliche Charakter ist äußerst konservativ und inert (träge – M. J.), er ändert sich nur durch schärfs-ten Leidensdruck."

Genau das erlebt Peter Munk. Ihm werden vom Glasmännlein acht Tage Frist gesetzt: „Bekehrst du dich nicht zum Guten, so komme ich und zermalme dein Gebein, und du fährst hin in dei-nen Sünden." Das will sagen, wenn du weiter als Mann dem Zeitgeist des egoistischen Karriere-strebens und der Raffgier verfällst, wirst du darin seelisch untergehen. Peter schafft seine Selbsterlösung bereits in sieben Tagen. Die Sieben ist eine symbolische Zahl. Sieben Tage braucht der Gott des christlichen Mythos, um die Erde zu schaffen. Am siebten Tag, sieht er, dass es gut ist, und feiert ihn als einen Ruhetag. In sieben Tagen schöpft Peter Munk den Kosmos seiner Seele neu.

Bei dieser Genesis der neuen Seele ist ein Detail wichtig, das der Theologe Wilhelm Hauff dem Fundus der christlichen Religion entnimmt. Der Schatzhauser gibt dem Kohlenpeter ein „Kreuzlein aus reinem Glas" mit, das er dem Holländer Michel vorhalten soll. Es handelt sich also um eine Art Exorzismus, das heißt Teufelsaustreibung. Bei Hauff ist dies jedoch nicht antiaufklärerisch im Geiste eines religiösen Dunkelmännertums gedacht. Nein, was der nunmehr tapfere Peter Munk mit seinem „Kreuzlein aus reinem Glas" dem Holländer Michel als soziale Idee und moralische Kraft entgegenhält, ist die kostbare Mitleidsphilosophie des Christentums, die es zu bewahren gilt.

Von der Sozialenzyklika „Rerum novarum" Leo XIII. bis zur katholischen Soziallehre des fortschrittlichen Jesuiten Nell-Breuning gibt es eine christliche Traditionslinie der Solidarität mit den Ausgebeuteten und Erniedrigten. Dass es das Kreuzlein aus reinem Glas ist, mag die Durchsichtigkeit und die Klarheit eines Menschen symbolisieren, dessen Substanz aus Menschlichkeit und sozialer Verantwortung besteht.

Großartig ist, wie der Dichter die innere Schwäche des vermeintlich unbesiegbaren neuen Zeitgeistes und die Stärke der mitleidigen Herzen ins Bild rückt. Als Peter Munk dem Holländer Michel mit dem Kreuzlein der Nächstenliebe konfrontiert, geschieht eine wundersame Umkehrung der alten Machtverhältnisse: „Da wurde Michel kleiner und immer kleiner und er fiel nieder und wand sich hin und her wie ein Wurm und ächzte und stöhnte, und alle Herzen umher fingen an zu zucken und zu pochen, dass es tönte wie in der Werkstatt eines Uhrmachers." Der Untergang des Holländer Michel trägt fast die Züge einer Revolution: „Ein schreckliches Gewitter zog auf, Blitze fielen links und rechts … und zerschmetterten die Bäume …"

Peter Munk lernt am Ende das, was Erich Fromm die „Kunst des Liebens" genannt hat.

Vergessen wir nicht, die Männer haben in Jahrtausenden des Patriarchats die Frauen kolonialisiert. Der Sieger verachtet den Besiegten, weil er sich schwach gezeigt hat. So lehnen die Männer nicht nur die vermeintliche Schwäche der Weiblichkeit bei den Frauen ab, sondern ebenso bei sich selbst. Stattdessen favorisieren sie Konkurrenz und Kampf. Noch bei Sigmund Freud schwingt die männliche Idee von der angeblichen Minderwertigkeit der Frau in dem Konstrukt des weiblichen *Penisneides* mit.

Die deutsch-amerikanische Psychoanalytikerin Karen Horney (die Mutter der Filmschauspielerin Brigitte Horney) konterte bereits 1925 in ihrem Aufsatz *Die Flucht vor der Weiblichkeit* mit der Entdeckung des männlichen *Gebärneides*: „Wenn man wie ich mit der Analyse von Männern erst beginnt, nachdem man bereits einige Erfahrungen mit der Analyse von Frauen gemacht hat, bekommt man einen ganz erstaunlichen Eindruck von der Intensität dieses Neides auf Schwangerschaft, Geburt und Mutterschaft, ebenso wie auf Brüste und den Akt des Stillens." Karen Horney fragt sich sogar, ob der rastlose männliche Aktivismus sich nicht einem geheimen Geschlechterdefizit verdanke: „Ist der Impuls des Mannes, in jedem Bereich kreative Arbeit zu leisten, nicht unmittelbar Ausdruck seines Gefühls, dass er bei der Erschaffung eines neuen menschlichen Wesens eine solch geringe Rolle spielt, was ihn ständig zu einer Überkompensierung durch Leistung antreibt?"

Die Philosophin Hannah Arendt deutet die weibliche Fähigkeit des Gebärens als Symbol der sich stets physisch und psychisch erneuernden Menschheit. Tatsächlich spiegelte die Unzufriedenheit der Frauen wohl kaum den Penisneid, sondern ihre faktische Benachteiligung in Bildung, Beruf und Einkommen wider. Bis heute gehören Häuser und Grundstücke, Konzerne und Kleinbetriebe, Aktienpakete und verzinsliche Papiere weltweit zu über neunzig Prozent den Männern! Was soll da der Penisneid? Wenn die Peter Munks dieser Welt nicht zum maskulinen Auslaufmodell und zum überflüssigen Geschlecht degenerieren wollen, müssen sie lernen, den Frauen gute Brüder zu sein. Martin Luther King hat uns Männer gewarnt: „Wir haben gelernt, wie Vögel zu fliegen, wie Fische zu schwimmen, doch wir haben die einfache Kunst verlernt, wie Brüder zu leben."

Die „Kunst des Liebens" ist für uns Männer eine private und eine epochale Wende. Erich Fromm fragt in seinem gleichnamigen Buch: „Halten wir vielleicht nur das für der Mühe wert, womit wir Geld verdienen oder was unser Prestige erhöht, oder ist die Liebe, die ‚nur' in unserer Seele sitzt und für die modernen Sinne keinen Gewinn abwirft, ein Luxus, für den wir nicht viel Energie aufbringen dürfen?"

Fromm bezeichnete in seinem 1956 erstmals erschienenen Jahrhundertwerk *Die Liebe als die letzte Antwort auf das Problem der menschlichen Existenz*: „Der Mensch sieht sich – zu allen Zeiten und in allen Kulturen – vor das Problem der Lösung der einen und immer gleichen Frage gestellt: Wie er sein Abgetrenntsein überwinden, wie er zur Vereinigung gelangen, wie er sein eigenes einzelnes Leben transzendieren und das Einswerden erreichen kann. Die Frage stellt sich dem Primitiven in seiner Höhle wie dem Nomaden, der seine Herde hütet, dem ägyptischen Bauern, dem phönizischen Händler, dem römischen Soldaten, dem mittelalterlichen Mönch, dem japanischen Samurai, dem modernen Büroangestellten und dem Fabrikarbeiter auf gleiche Weise."

Liebe ist Fürsorge, konstatiert Fromm, für das Leben und das Wachstum dessen, was wir lieben. In dem Moment, als Peter Munk einen einzigen Menschen, die schöne Lisbeth, diese reine Erscheinung und Schwester des Gretchens aus Goethes *Faust*, wahrhaft liebt, beginnt er alle Menschen, das Leben und die Welt zu lieben. Doch der Peter-Munk-Mann hält die Liebe für eine Art Instinkt wie Essen und Trinken und schätzt sie deshalb nicht besonders hoch ein. Das ist ein tragischer Irrtum.

Nur aus der Liebe entspringt die Nächstenliebe. Sie allein ist die Gegenkraft gegen den Egoismus und den moralischen Nihilismus der entfesselten Profitgesellschaft. Die Liebe wird so zu einer privaten und sozialen Aufgabe. Fromm: „Die Gesellschaft muss so organisiert werden, dass die soziale, liebevolle Seite des Menschen nicht von seiner gesellschaftlichen Existenz getrennt, sondern mit ihr eins wird."

Eine Gesellschaft, deren einziges Ziel es ist, immer mehr zu produzieren und zu konsumieren, steht geistig am Abgrund. Sie bildet keine Menschen, sondern produziert liebesunfähige Automaten. Was der Peter Munk in uns Männern dringend braucht, ist eine *Ethik des warmen Herzens*.

Wie eine solche Erziehung der Männer aussehen könnte, hat der französische Philosoph Jean-Jacques Rousseau (1712–1778) in seinem Erziehungsroman *Emile* formuliert: „Um diese aufkeimende Empfindsamkeit zu erregen und zu nähren, um sie zu lenken oder ihr in ihrer natürlichen Richtung zu folgen, was anderes könnten wir tun, als den jungen Mann mit Dingen in Berührung zu bringen, auf die die Kraft seines sich öffnenden Herzens einzuwirken vermag, die es weiten und auf andere Wesen ausdehnen, die bewirken, dass es sich überall außerhalb seines Selbst wiederfindet. Wir müssen sorgsam alle von ihm fernhalten, die sein Herz einengen und in sich verschließen und so die Triebfeder des menschlichen Ich spannen; mit anderen Worten: Güte, Menschlichkeit, Mitgefühl, Wohltätigkeit, das heißt alle liebenswerten und sanften

Triebe in ihm anregen, die den Menschen von Natur aus angenehm sind, und verhindern, dass Neid, Begehrlichkeit, Hass, alle abstoßenden und grausamen Triebe in ihm keimen, die sozusagen die Empfindsamkeit nicht nur auf den Nullpunkt reduzieren, sondern negativ werden lassen und dem, der sie empfindet, zur Qual werden."

Glück ist erfülltes Leben in sozialer Anteilnahme. Das müssen wir Männer lernen. Seelische Gesundheit ist, wie Freud definierte, „arbeiten und lieben." Die Einmaligkeit und Köstlichkeit des Lebens ergibt sich aus unserem Wissen über den Tod. Der Sinn des Lebens ist das Leben. Das Leben aber definiert sich durch etwas Außerbiologisches. Hermann Hesse charakterisiert es so: „Den Sinn erhält das Leben einzig durch die Liebe. Das heißt: Je mehr wir zu lieben und uns hinzugeben fähig sind, desto sinnvoller wird unser Leben."

Am Ende eines Lebens stellt sich heraus, wer wir wirklich sind. Denn allein der Lebenslauf bringt unsere Wesenszüge ans Licht. Handelnd, wertend, entscheidend werden wir von uns selbst überrascht. Mein Leben bin ich. Ich bin die Summe meiner Taten.

So erfährt es auch unser Antiheld. Über ihn heißt es am Ende: „Von jetzt an wurde Peter Munk ein fleißiger und wackerer Mann. Er war zufrieden mit dem, was er hatte, trieb sein Handwerk unverdrossen, und so kam es, dass er durch eigene Kraft wohlhabend wurde und angesehen und beliebt im ganzen Wald. Er zankte nie mehr mit Frau Lisbeth, liebte seine Mutter und gab den Armen, die an seine Türe pochten." Und: „So lebten sie still und unverdrossen fort, und noch oft nachher, als Peter Munk schon graue Haare hatte, sagte er: ‚Es ist doch besser zufrieden zu sein mit wenigem, als Gold und Güter haben und ein kaltes Herz.'"

Wilhelm Hauff, der Geniale, früh Verstorbene, steht mit seinem Märchen *Das kalte Herz*, wie Ottmar Hinz rühmt, „an der Schwelle des literarischen Realismus". Er zeichnet ein subtiles Psychogramm verletzter, verletzender und heilender Männlichkeit. Zugleich bewahrt er die Sehnsucht der Romantik nach Liebe und ihrem Glauben an das Gute im Menschen. Er beschwört

die Poesie des warmen Herzens, die ein Früh-
romantiker wie Novalis (1772–1801) in die folgenden, aromatischen Verse gießt:

Wer Schmetterlinge lachen hört,
der weiß, wie Wolken schmecken,
der wird im Mondschein
ungestört der Furcht,
die Nacht entdecken.

Der wird zur Pflanze, wenn er will,
zum Stier, zum Narr, zum Weisen,
der kann in einer Stunde
durchs ganze Weltall reisen.

Der weiß, dass er nichts weiß,
wie alle andern auch nichts wissen.
Nur weiß er, was die anderen
und auch er selbst noch lernen müssen.

Wer in sich fremde Ufer spürt
und den Mut hat, sich zu recken,
der wird allmählich
ungestört von Furcht,
sich SELBST entdecken.

Abwärts zu den Gipfeln
seiner Selbst bricht er hinauf,
den Kampf mit seiner Unterwelt
nimmt er gelassen auf.

Wer Schmetterlinge lachen hört,
der weiß, wie Wolken schmecken,
der wird im Mondschein
ungestört von Furcht,
die Nacht entdecken.

Wer mit sich selbst in Frieden lebt,
der wird genauso sterben,
und ist selbst dann lebendiger
als alle seine Erben.

Ein Verlag, ein Haus, eine Philosophie.

Millionen Bundesbürger kennen den kämpferischen Ganzheits-arzt Dr.-Max Otto Bruker (1909–2001) aus dem Fernsehen, aus Vorträgen, durch den „Mundfunk" überzeugter Patienten. Vor allem lesen sie aber die rund 30 Bücher des schwäbischen Humanisten und Seelenarztes. Mit einer Gesamtauflage von über drei Millionen Exemplaren ist Max-Otto Bruker der wohl bedeutendste medizinische Erfolgsautor im deutschsprachigen Raum. Der – in der Nachfolge des Schweizer Reformarztes Bircher-Benner scherzhaft „Deutschlands Vollwertpapst" genannte – Massenaufklärer, langjährige Klinikchef und Ernährungsspezialist lehrt zwei fundamentale Erkenntnisse Patienten wie Gesunden: Der Mensch wird krank, weil er sich falsch ernährt. Der Mensch wird krank, weil er falsch lebt.

Hinter den Erfolgstiteln des emu-Verlages steht ein bedeutender Forscher und Arzt, eine Bewegung, ein Haus und tausende Schülerinnen und Schüler. 1994 wurde das „Dr.-Max-Otto-Bruker-Haus", das Zentrum für Gesundheit und ganzheitliche Lebensweise, auf der Lahnhöhe in Lahnstein bei Koblenz bezogen. Es stellt die äußere Krönung des Brukerschen Lebenswerkes dar: Der lichte Bau mit seinem Grasdach, den Sonnenkollektoren und den Wasserrecyclinganlagen, seinen Seminarräumen, dem Foyer mit der Glaskuppel und dem liebevollen Biogarten ist als Treffpunkt für all jene konzipiert, denen körperliche und seelische Gesundheit, ökologische und spirituelle Harmonie Herzensbedürfnis und Sehnsucht sind.

Hinter dem eleganten Halbmondkorpus mit dem markanten Grasdach verbirgt sich eine Begegnungsstätte für Gesundheitsbewusste, Seminarteilnehmer, Trost-, Ruhe- und Anregungsbedürftige.

Das Dr.-Max-Otto-Bruker-Haus

Feste Termine:

Jeden Montag, 18.30 Uhr: Vortrag Ilse Gutjahr-Jung (Theorie und Praxis der vitalstoffreichen Vollwertkost)
Jeden Dienstag, 18.30 Uhr: Vortrag Dr. phil. Mathias Jung (Lebenshilfe und Philosophie)
Jeden Mittwoch, 10.30 Uhr: Fragestunde mit Dr. med. Birmanns (Ärztlicher Rat aus ganzheitlicher Sicht)

Ausbildung Gesundheitsberater/in GGB
Lebensberatung/Frauen-, Männer- und Paargruppen

Die vitalstoffreiche Vollwertkost hat ihre Verbreitung, auch im klinischen Bereich, durch die unermüdliche Information und praktische Durchführung von Dr. M. O. Bruker gefunden. Um die Erkenntnisse gesunder Lebensführung und die durch falsche Ernährung provozierte Krankheitslawine ins öffentliche Bewusstsein zu rücken, bildet die von ihm 1978 gegründete „Gesellschaft für Gesundheitsberatung GGB-e.V." Gesundheitsberaterinnen und Gesundheitsberater GGB aus. Über 4000 Frauen und Männer haben bislang die berufsbegleitende Ausbildung bestanden- und wirken in Volkshochschulen, Bioläden, Lehrküchen, Krankenhäusern, ärztlichen Praxen, Krankenversicherungen und ähnlichen Bereichen.

Auf der Lahnhöhe erhalten sie durch das GGB-Expertenteam nicht nur eine sorgfältige Grundlagenausbildung über die vitalstoffreiche Vollwerternährung und den Krankmacher der „entnatürlichten" (denaturierten) Zivilisationsernährung (raffinierter Fabrikzucker, Auszugsmehle, fabrikatorische Öle und Fette, tierisches Eiweiß usw.), sondern gewinnen auch Einblick in die leibseelischen Zusammenhänge der Krankheiten.

Anfragen zur Gesundheitsberater-Ausbildung wie zu den Selbsterfahrungsgruppen, Lebensberatung, Paartherapie und Psychotherapie bei Dr. Mathias Jung und weiteren Tages- und Wochenendseminaren sowie Einzelberatung sind zu richten an die Gesellschaft für Gesundheitsberatung GGB e.V., Dr.-Max-Otto-Bruker-Str. 3, 56112 Lahnstein (Tel.: 02621/ 917010, 917017, 917018, Fax:-02621/917033).

Fordern Sie ebenfalls ein kostenloses Probe-Exemplar der Zeitschrift „Der Gesundheitsberater" an.

Von Dr. Jung sind im emu-Verlag bisher in der „blauen reihe" erschienen:

Von Dr. Jung sind im emu-Verlag bisher in
der „roten reihe" erschienen:

Von Dr. Jung sind im emu-Verlag bisher in
der „gelben reihe" erschienen:

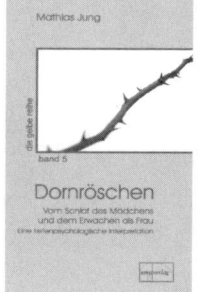

Von Dr. Jung sind im emu-Verlag bisher in der Sprechstunden-Reihe erschienen:

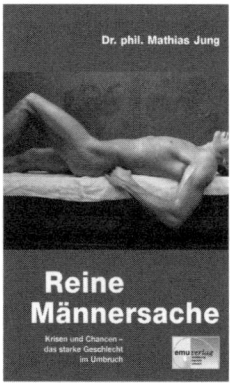

Von Dr. Jung sind im emu-Verlag bisher in der Sprechstunden-Reihe erschienen:

Von Dr. Jung sind im emu-Verlag bisher in der Sprechstunden-Reihe erschienen:

Von Dr. Jung ist im emu-Verlag eine Bibel-interpretation nach Walther H. Lechler erschienen:

Von Dr. Jung sind in Zusammenarbeit mit Andrea Montermann (Illustrationen) folgende Titel erschienen:

Von Dr. Jung sind im emu-Verlag folgende Vorträge als Audiokassetten erschienen:

Lebensberatung

- Mein Charakter – mein Schicksal?
- Depression als Chance
- Das Verdrängte in unserer Seele
- Die Wunde der Ungeliebten
- Das Nein in der Liebe
- Was ist der Sinn des Lebens?
- Meine Sprache – meine Seele
- Söhne brauchen Väter
- Krankheit als Kränkung und Anpassung
- Eifersucht – ein Schicksalsschlag?
- Der Mann – ein emotionales Sparschwein
- Geschwisterliebe – Geschwisterrivalität
- Verlassen und verlassen werden
- Neurodermitis – Fehlernährter Körper – Aufgekratzte Seele
- Das sprachlose Paar
- Zweite Lebenshälfte – Endlichkeit und Aufbruch
- Das Drama der Trennung
- Ein Zimmer für mich
- Mut zur Angst
- Sexualität – Lust und Last
- Außenbeziehung – Krise oder Chance
- Liebesverträge in der Beziehung
- Lob der Einsamkeit
- Aggressionen unter Liebenden
- Mehr Zeit für mich
- Alkoholkrank: Der Betroffene und seine Familie
- Lebensbedingte Krankheiten nach Dr. M. O. Bruker
- Meditation: Freude – Angst – Hoffnung
- Alter und Tod. Rätsel der Natur
- Verzeihen und Versöhnen
- Frieden mit den Eltern
- Das Paar im Wandel: Jugend, Mitte, Alter
- Sexueller Missbrauch
- Seele – Sucht – Sehnsucht
- Organtransplantation – Sterben auf Bestellung?
- Humor und Zärtlichkeit
- Suizid – der Betroffene und die Angehörigen
- Übergewicht – der Kampf mit dem eigenen Körper
- Das Rätsel psychosomatischer Krankheiten

Märchen

- Der kleine Prinz – mein verschüttetes Ich
- Froschkönig – Glück und Zähneklappern der Liebe
- Das verletzte Kind in mir oder Hans mein Igel
- Sein und Schein oder Des Kaisers neue Kleider

- Schneewittchen oder Das Drama des Neides
- Siddharta: das Rätsel des Lebens
- Eisenhans oder Wie ein Mann ein Mann wird
- Das tapfere Schneiderlein oder Mut zum Leben
- Eigensinn oder Die Möwe Jonathan
- Elternablösung – Hänsel und Gretel
- Außenseiter – Das hässliche Entlein
- Befreiung der Weiblichkeit – Das Märchen Blaubart
- Tödliches Schweigen – Der Fischer und seine Frau
- Schneewittchen – Der Mutter-Tochter-Konflikt
- Dornröschen – Das Erwachen zur Frau
- Das kalte Herz – Ein Männermärchen

Philosophie

- Sokrates oder Die Norm meines Gewissens
- Seneca oder Die Freude des Augenblicks
- Augustinus oder Der Zwiespalt
- Giordano Bruno oder Die neue Welt
- Montaigne oder Das Leben als Meisterstück
- Descartes oder Der Januskopf der Wissenschaft
- Spinoza oder Das Abenteuer der Diesseitigkeit
- Hobbes oder Die Zähmung der Bestie Mensch

- Leibniz oder Die Beste aller Welten
- Hume oder Das Ende des dogmatischen Schlummers
- Voltaire oder Die Waffe des Geistes
- Kant oder Die Mündigkeit
- Hegel oder Der Fortschritt
- Feuerbach oder Die Sache mit Gott
- Marx oder Die Entfremdung des Menschen
- Schopenhauer oder Die Qual des Seins
- Nietzsche oder Die Hymne auf das Leben
- Heidegger oder Die Angst
- Jaspers oder Die Weltphilosophie
- Hannah Arendt oder Vom tätigen Leben
- Bloch oder Das Prinzip Hoffnung
- Popper oder Die offene Gesellschaft
- Sartre oder Die Freiheit

Literatur

- Lessing – die Toleranz
- Wieland – die Aufklärung
- Goethe – Dichtung und Wahrheit
- Schiller – der Atem der Freiheit
- Jean Paul – Humor und Menschenliebe
- Hölderlin – Griechenland mit der Seele suchen
- Kleist – die Zerrissenheit des Menschen
- Novalis – die blaue Blume der Romantik